WILDE
KÖSTLICHKEITEN

75 leckere Wildkräuterideen
– vegetarisch und vitalstoffreich

Für Evi

Liebe die Natur
und das Leben!
von Gabi

31. 3. 2010

Margarete Vogl

WILDE
KÖSTLICHKEITEN

75 leckere Wildkräuterideen
– vegetarisch und vitalstoffreich

Mit vielen Natur- und Rezeptfotos!

emu verlag

WIE IM PARADIES

Wenn ich in die Natur gehe, fühle ich mich oft wie im Paradies, und ich bin sehr dankbar für diese Erfahrung. Daher möchte ich auch Ihnen mit diesem Buch zeigen, welches Vergnügen es ist, die Natur mit all ihren wilden Köstlichkeiten zu entdecken.

Da ich mich selbst mit vitalstoffreicher Vollwertkost nach Dr. M. O. Bruker ernähre, sind auch die von mir genützten Rohstoffe in den Rezepten vitalstoffreich und vegetarisch. Damit Sie außer den Wildkräutern auch Anregungen zu allen wichtigen Lebensmitteln bekommen, sind in den Rezepten Getreide, Gemüse, Obst, Hülsenfrüchte und naturbelassene Fette enthalten. Die Zutaten, die ich verwende, sind aus biologischem Anbau und ohne Fabrikzucker, Auszugsmehl und raffinierte Öle. Mein Wunsch ist es, Ihnen ein Buch an die Hand zu geben, das vitalstoffreiche Vollwerternährung mit der Verwendung von Wildkräutern verbindet.

„Wilde Köstlichkeiten" geben uns ungeahnte Geschmackserlebnisse und verleiten zum Experimentieren. Ich lade Sie daher ein, mit essbaren Wildpflanzen, die uns auf Schritt und Tritt begegnen, Neues auszuprobieren und Freude beim Kochen zu erfahren. Mit den richtigen Zutaten leben Sie fit und gesund.

Wenn wir mit Wildkräutern kochen, ist es natürlich wichtig, dass wir sie kennen. Wer noch unsicher ist, kann bei einer Kräuterwanderung und Kräuterkochkursen Erfahrungen sammeln. Bei diesen Kursen werden Sie außerdem Wichtiges über den Schutz und das Sammeln der Pflanzen lernen. Verwenden Sie nichts, was Sie nicht sicher kennen. In diesem Buch werden die Pflanzen, die in den Rezepten vorkommen, zwar kurz beschrieben, aber es ist kein Bestimmungsbuch. Diese Beschreibungen erheben nicht den Anspruch auf Vollständigkeit, dafür gibt es ausführlichere Bücher, auf die ich im Anhang hinweise.

Beobachten Sie eine Pflanze über das ganze Jahr, dann wird sie Ihnen vertraut werden, und Sie können sich beim Ernten sicher fühlen. Lassen Sie die Natur Ihr Lehrmeister sein. Genießen Sie die Pflanze mit allen Sinnen und schauen Sie nicht nur auf deren Wirkung.

VORBEREITUNG DER PFLANZEN

Die jungen, zarten Wildpflanzen werden zu allen Rezepten vorsichtig geerntet und gewaschen, anschließend mit einem Küchentuch oder in der Salatschleuder getrocknet. Sie sollten, je nach Verwendung, die Kräuter erst kurz vor der Zubereitung zerkleinern, da sie sehr schnell welken. Die Mengenangaben sind, sofern nicht anders genannt, für vier Personen berechnet, obwohl das nicht verallgemeinert werden kann, da Vegetarier oft mehr Gemüse essen als Nichtvegetarier. Die Gewichtsangaben bei den Wildkräutern sind Richtwerte. Nehmen Sie, was Sie an essbaren Wildpflanzen gesammelt haben, und probieren Sie neue Variationen aus.

Für dieses Buch finden hauptsächlich Frühlingskräuter Verwendung. Ein Teil der Früchte stammt aus dem Jahr davor und war eingefroren.

Die Entstehung dieses Buches verdanke ich Valeska Landspersky. Sie hat mich animiert, mit ihr dieses Buch zu gestalten. Mit sehr viel Freude brachte ich meine Leidenschaft für „Wildkräuter und Vollwerternährung" zu Papier.

Ich lade Sie nun ein, die wunderbaren, schönen und kostbaren Geschöpfe, die „wilden" Pflanzen, kennen zu lernen, zu schützen und zu genießen.

Margarete Vogl

WILDKRÄUTER

BÄRLAUCH
Allium Ursinum

Volksname:
Bärenlauch, Hexenzwiebel, Waldknoblauch, Wilder Knoblauch, Wurmlauch, Zigeunerlauch

Familie:
Lauchgewächse (Liliengewächse)
Alliaceae (Liliacea)

Erkennung/Merkmale:
An seinen Plätzen tritt er meist großflächig auf. Aus der Zwiebel wachsen ab März zwei grundständige, ganzrandige Blätter und ein aufrechter Stängel mit einer Scheindolde aus sternförmigen, weißen Blüten. Kommt man in die Nähe von Bärlauch, riecht man schon den starken Zwiebel-Knoblauch-Duft, besonders beim Zerreiben der Blätter. Blütezeit: Ende April bis Anfang Juni.

Mögliche Verwechslung:
Mit giftigen Maiglöckchen und tödlich giftigen Herbstzeitlosen, diese riechen jedoch nicht nach Knoblauch.

Inhaltsstoffe:
Allicin, Biokatalysatoren, Flavonoide, Fructosane, Lauchöl, Saponine, Vitamin C.

Heilwirkung:
In der Volksmedizin wird Bärlauch angewendet zur Frühjahrskur, bei Magen- und Darmstörungen, zur Unterstützung des Gefäßsystems und der Verdauung, bei allgemeiner Schwäche.

Standort:
An feuchten, schattigen und basischen Plätzen, Auwäldern, Laubwäldern und unter Gebüsch.

Verwendete Pflanzenteile:
Das frische Kraut zu Frühlingssalaten und Suppen, zu Weichkäse und Quark, Spinat, Pesto und Omelett, Kräuterbutter, Kräuterbrot, Bärlauchessig, Bärlauchöl und Gemüsegerichten.

Geschichten:
Redensart: „*Isst du Bärlauch im Mai, brauchst du das ganze Jahr keine Arznei*“.

Die frischen Blätter werden bis zur Blütezeit geerntet. Um die Bestände zu schonen, nur in kleinen Mengen pflücken, da die grünen Blätter im Hochsommer welken und sich zurückziehen, um den Zwiebeln als Nährstoff zu dienen.

Bärlauch wird auch von der „gehobenen Küche“ als Zutat oder als Hauptbestandteil vieler Gerichte geschätzt, da er kaum Körpergeruch hervorruft.

Ameisen tragen die ölhaltigen Samen-Kügelchen überall hin und „säen“ so neue Pflanzen.

BEINWELL

Symphytum officinale

Volksname:

Bienenkraut, Beinwurz, Comfrey, Eselohrwurz, Honigblum, Milchwurz, Schwarzwurz, Soldatenwurz, Speckwurz, Wallwurz

Familie:

Borretschgewächse (Raublattgewächse), Boraginaceae

Erkennung/Merkmale:

Die zungenförmigen Blätter sind rau und borstig. Beim Verreiben der Blätter entsteht ein Gurkenduft, und es entwickelt sich ein schleimiger Saft. Seine glockenartigen Blüten können rosa, blau oder fast weiß sein. Die fasrigen Stängel wachsen 50 bis 100 cm hoch. Blütezeit: Mai bis September.

Mögliche Verwechslung:

Die Blätter des Beinwells mit den Blättern des Borretsch (Gurkenkraut) oder des giftigen Fingerhuts (Vorsicht!). Beim Fingerhut sind die Blätter jedoch samtig behaart und riechen nicht nach Gurken.

Inhaltsstoffe:

Allantoin, ätherisches Öl, Flavonoide, Gerbstoffe, Kieselsäure, Schleim, Stärke, Pyrrolizidinalkaloide, Vitamin B12.

Heilwirkung:

Seit Hildegard von Bingen und Paracelsus wird Beinwell verwendet bei Prellungen, Zerrungen, Verstauchungen; wundheilungsfördernde, wundreinigende Wirkung.

Standort:

Ufer, Gräben, Auwälder, Waldränder, auf basischen und nährstoffreichen Böden wie nassen Wiesen und feuchten Waldlichtungen.

Verwendete Pflanzenteile:

Blütensprossen, Stängel und Blätter zu Salat, Suppen, Gemüse und Brot. Aus Blättern und Stielen werden Jauchen zum Düngen angesetzt. Da Pyrrolizidinalkaloide leberschädigend wirken können, soll die Beinwellwurzel nicht innerlich angewendet werden.

Geschichten:

Es wird erzählt, dass Männer die Beinwellblätter in die Hose gesteckt haben, um sich keinen Wolf zu laufen.

Der Beinwell erfreut den Imker als sehr gute Bienenweide.

Für den Gartenfreund sind die Beinwellblätter ein guter Mulch.

BITTERES SCHAUMKRAUT

Cardamine amara

Volksname:

Bachkresse, Brunnenkresse, Wasserkresse, Wassersenf, Wurmkraut

Familie:

Kreuzblütengewächse, Brassicaceae

Erkennung/Merkmale:

Wächst bereits im Vorfrühling. Der Stängel ist markig, die Blätter sind gefiedert, die Blüten weiß und die Staubbeutel rotviolett. Blütezeit: April bis Juni.

Mögliche Verwechslung:

Mit Echter Brunnenkresse. Durch deren hohlen Stängel und gelben Staubbeutel unterscheidet sie sich vom Bitteren Schaumkraut. Geschmack und Wirkung sind bei beiden ähnlich. Das Bittere Schaumkraut schmeckt etwas weniger scharf, jedoch bitterer als die Echte Brunnenkresse.

Inhaltsstoffe:

Bitterstoffe, Flavonoide, Mineralsalze, Saponine, Senfölglykoside, Vitamin C, Vitamin A, B und D.

Heilwirkung:

In der Volksmedizin gilt die Pflanze als blutreinigend, stimulierend, fiebersenkend, harntreibend, magenstärkend. Sie wird eingesetzt bei Hautkrankheiten und zur Anregung des Gesamtstoffwechsels. Frühjahrskuren mit Frühlingskräutern werden auch von der Schulmedizin zur Verbesserung des Stoffwechsels empfohlen.

Standort:

Quellfluren, Gräben, Bruch- und Auwälder, am Rande von Bächen mit nassen, nährstoffreichen Böden.

Verwendete Pflanzenteile:

Besonders im Frühjahr die frischen Blätter zu Wildsalaten und Presssäften. Ähnlich wie die Echte Brunnenkresse, kann sie auch während des ganzen Jahres als Vorspeise gegessen werden.

Geschichten:

Das Bittere Schaumkraut war für den Menschen in Zeiten mit durchweg vitaminarmer Winternahrung recht wertvoll.

Durch den hohen Vitamingehalt ist die Ernte im Vorfrühling besonders empfehlenswert.

BRENNNESSEL

Urtica, Große Brennnessel (Urtica dioica), Kleine Brennnessel (Urtica urens)

Volksname:
Donnernessel, Dunnernettel, Hanfnessel, Saunessel

Familie:
Brennnesselgewächse, Urticaceae

Erkennung/Merkmale:
„Sogar bei Nacht am Griff zu erkennen" (Camerer 1600). Die Brennnesseln rufen brennende Pusteln auf der Haut hervor. Meist wächst sie in Gruppen und verbreitet sich sehr schnell. Die Brennnessel ist zweihäusig. Blüten weiblicher Pflanzen bilden winzige, grüne Früchte, später braune Samen. In den männlichen findet man Blütenstaub. Außerdem dient sie als Stickstoffanzeigepflanze. Blütezeit: Mai bis Juli.

Mögliche Verwechslung:
Mit der zarten, aber schmerzhafteren Kleinen Brennnessel oder mit der nicht brennenden Taubnessel. Beide sind ebenso genießbar.

Inhaltsstoffe:
Flavonoide, Gerbstoffe, Histamin, Kieselsäure, Mineralstoffe, Provitamin A, Vitamin C.

Heilwirkung:
Sie wirkt blutreinigend. Der Stoffwechsel wird angeregt. Sie unterstützt die Behandlung bei Rheuma, Gicht, Erkrankung der Blase, der Niere und der Prostata (Erhöhung des Harnflusses). In der Volksmedizin werden die Brennnesselfrüchte (Samen) auch zur Stärkung für geschwächte und ältere Menschen verwendet.

Standort:
In Gärten, in Wäldern und Ödland, an Ufern und auch an Zäunen.

Verwendete Pflanzenteile:
Junge Pflanzen als Ganzes, von älteren nur Blätter, für Tee, Salat, Suppen, Gemüse, Saft, Brot. Samen zu Müsli, als Gewürz oder ins Öl usw.
Zum Düngen und zur Schädlingsbekämpfung im Gemüsegarten, als Schmetterlingsplantage, Kükenfutter und zur Haarpflege. In früheren Zeiten stellte man Nesselstoff daraus her.

Geschichten:
Schon Minnesänger sangen: *„Wer heiß brennende Liebe in seinem Herzen fühlt, soll die sengenden Nesseln tragen."* Die Samen sollen die körpereigene Abwehrkraft steigern, den Körper vitalisieren und angeblich die Liebeskraft stärken.

Im Mittelalter glaubte man, Brennnesseln könnten Hexenmacht abwehren, daher der Spruch: *„Ein Kleid aus Nesseln bleibt stets Meister über alle Geister"*.

Mit Brennnessel gefütterte Tiere bekommen ein glänzendes Fell, und die Hühner legen mehr Eier.

In zahlreichen Märchen kommen Wildpflanzen vor, zum Beispiel die Brennnessel im Märchen „Die sechs Schwäne" von den Gebrüdern Grimm.

BROMBEERE

Rubus fruticosus

Volksname:
Bramel, Frombeere, Feldschwarzbeere, Hundsbeere, Rahmbeere

Familie:
Rosengewächse, Rosaceae

Erkennung/Merkmale:
Der sehr stachelige Brombeerstrauch als Gestrüpp scheint undurchdringlich. Die Blätter sind drei- bis fünfzählig gefiedert, und die Unterseite ist behaart. Aus weißen bis hellroten Blüten werden fast schwarze, wohlschmeckende Früchte, wenn sie reif sind. Blütezeit: Mai bis in den Spätherbst hinein.

Mögliche Verwechslung:
Die Brombeerblätter mit den Himbeerblättern, die auch genauso verwertet werden können.

Inhaltsstoffe:
Flavonoide, Fruchtsäuren, Gerbstoffe, Mineralstoffe, organische Säuren, Spurenelemente, Vitamine.

Heilwirkung:
Sie hat entzündungshemmende und adstringierende Wirkung (Gerbstoffgehalt). In der Volksmedizin wurde sie gegen die Verschleimung der Atemwege und gegen Magen- und Darmbeschwerden (unspezifische Durchfallerkrankungen), bei Grippe, Fieber und zur „Blutreinigung" verwendet.

Standort:
Der Brombeerstrauch wächst und wuchert fast überall, an sonnigen Hängen, Wegböschungen, in lichten Waldungen, am Waldrand, in Kahlschlägen und Hecken.

Verwendete Pflanzenteile:
Die Blätter zu Tee und die reifen Früchte zu Säften, Bowlen, Likören und anderen Getränken, Eis und Marmelade, und natürlich können sie frisch genossen werden.

Geschichten:
Hervorzuheben ist die Seltenheit, dass an einem Strauch gleichzeitig Blüten und alle Fruchtstände vorhanden sein können.

Aus getrockneten Blättern kann ein wunderbarer Tee gekocht werden, er schmeckt ähnlich wie Schwarztee.

Mit warmem Brombeersaft können Sänger ihre Stimme geschmeidig halten. Heiserkeit lässt sich damit vertreiben.

Bereits die alten Römer wussten, dass das Kauen der jungen Brombeerblätter gesundes Zahnfleisch fördert.

DUFTENDES VEILCHEN

Viola odorata

Volksname:

Märzveilchen, Marienstängel, Osterveigerl, Schwalbenblume, Veieli, Veigerl

Familie:

Veilchengewächse, Violaceae

Erkennung/Merkmale:

Die Blätter sind wie ein Herz geformt und lang gestielt. Die blauen oder violetten Blüten duften stark und verzaubernd. Oberirdisch wachsen aus den Wurzeln Ausläufer, die eine neue Pflanze hervorbringen können. Blütezeit: März bis April.

Mögliche Verwechslung:

Mit vielen anderen nicht so gut duftenden Veilchenarten, die jedoch auch verwendet werden können.

Inhaltsstoffe:

Ätherisches Öl, Bitterstoffe, Flavonoide, Odaratin, Salizylsäuremethylester, Saponine, Schleim.

Heilwirkung:

Das Veilchen gilt als blutreinigend und schleimlösend. In der Volksheilkunde ist es hilfreich bei Hautkrankheiten, Halsentzündungen und bei Husten.

Standort:

Unterm Gebüsch, an Zäunen, Hecken und schattigen Weg- und Waldrändern.

Verwendete Pflanzenteile:

Blüten und Blätter als essbare Dekoration, zu Tee, Sirup, Bowlen, Likör, für Gelee, Eiscreme und zu Waschungen.

Geschichten:

Der verzaubernde Duft der Blüten animierte nicht nur Goethe und Shakespeare, sondern auch Sänger und Volksdichter zu Reimen für das Poesiealbum. *„Sei wie das Veilchen im Moose, bescheiden, sittsam und rein und nicht wie die stolze Rose, die immer bewundert will sein“.*

So werden die Veilchen mit Mädchen verglichen, die sanft, süß, sittsam und bescheiden sind.

Bei Shakespeares Hamlet ist zu lesen: *„Ein Veilchen in der Jugend der Natur, frühzeitig, nicht beständig – süß. Nicht dauernd, nur Duft und Labsal eines Augenblicks; nichts weiter.“*

ECHTES LABKRAUT

Galium verum

Volksname:
Ameisenkraut, Blutstill, Gelbes Käselab, Gelber Butterstiel, Lauritzen, Liebfrauenkraut, Magerkraut, Muttergottesbettstroh, Sternkraut, Wundstillkraut

Familie:
Rötegewächse, Rubiaceae

Erkennung/Merkmale:
Die fast nadelförmigen Blätter sind quirlförmig um den kantigen Stiel in gleichmäßigen Abständen angeordnet. Die winzigen, zitronengelben und zahlreichen Blüten duften nach Honig. Blütezeit: Juni bis September.

Mögliche Verwechslung:
Mit Wiesen-Labkraut (blüht weiß, siehe kleines Foto), Kletten-Labkraut (bleibt an der Kleidung hängen) oder Waldmeister (mit typischem Waldmeisterduft).

Inhaltsstoffe:
Aucubin, ätherische Öle, Cumarin-Glykoside, Flavonoide, Gerbstoffe, Kieselsäure, Zitronensäure.

Heilwirkung:
In der Volksmedizin Mittel gegen Nierenleiden, da es als wassertreibend, wundheilend und als krampflösend bekannt ist.

Standort:
Auf trockenen Wiesen, Böschungen, Waldrändern, (das Kletten-Labkraut unter Hecken, das Wiesen-Labkraut auf Wiesen).

Verwendete Pflanzenteile:
Das gesamte blühende Kraut des Echten Labkrauts zu Tee, Gelee, für Kräuterkissen und Umschläge, zum Gurgeln und fürs Vollbad (das Wiesen-Labkraut auch zu Gemüse, Getränken, Süßspeisen und das Kletten-Labkraut nur zu Wildgemüse).

Geschichten:
Früher soll Labkraut zur Käseherstellung verwendet worden sein, um die Milchgerinnung zu beschleunigen.

Dem Cheddar-Käse geben sie noch heute seine gelbe Farbe und sein Aroma.

Da nach einer Sage die Muttergottes unter ihr Wochenbett das Labkraut ausgebreitet haben soll, legte man in früheren Zeiten der Gebärenden zur Unterstützung der Geburt frisches Kraut unters Bett (Muttergottesbettstroh).

Im Volksglauben dachte man: Ein Kranz aus Labkraut zum Abschied um den Hals gehängt soll den Reisenden beschützen und ihn wieder gerne heimkommen lassen.

Mit echtem Labkraut kann man Wolle, Stoffe usw. färben, mit der Wurzel rot und mit den Blüten gelb.

ERDBEERE

Fragaria vesca

Volksname:
Besingkraut, Darmkraut, Erbern, Flohbeere, Hafelsbeere, Rotbeere, Walderdbeere, Wilde Erdbeere

Familie:
Rosengewächse, Rosaceae

Erkennung/Merkmale:
Die grünen, fein behaarten Blätter sind dreigeteilt und am Rand gesägt. Aus der weißen Blüte entsteht die Scheinfrucht, die wir als Erdbeere bezeichnen. Sie ist rot und schmeckt süß. Die kleinen Nüsschen auf der Erdbeere (ihr Markenzeichen) sind hartschalige Samen. Im August vermehrt sich die mehrjährige Pflanze mit ihren langen, oberirdischen Ausläufern. Die daraus neu gebildeten Wurzeln verankern sich im Boden. Blütezeit: Mai bis Juli, Erntezeit der Früchte: Juni bis August.

Inhaltsstoffe:
Aromastoffe, Flavonoide, Folsäure, Fruchtsäuren, Gerbstoffe, Mineralien, Salicylsäure, Vitamine.

Heilwirkung:
Tee aus Wurzeln und Blättern werden eingesetzt bei Magen- und Darmstörungen, bei Durchfällen und bei Entzündungen im Mundraum; frische Früchte zur Unterstützung der Leber- und Gallefunktion. In der Volksmedizin wurde die Walderdbeere bei vielen weiteren Beschwerden empfohlen, z.B. bei Blutarmut und Energiemangel, bei Nervenschwäche, Herz- und Harnwegsbeschwerden. Walderdbeeren sollten möglichst oft gegessen werden.

Standort:
Auf sonnigen Böschungen, lichten Waldrändern, Waldwegen und Kahlschlägen.

Verwendete Pflanzenteile:
Die Früchte werden am besten frisch verzehrt oder für Bowle, Kuchen, Nachspeise und Marmelade verarbeitet. Die Blätter eignen sich für Salat und Tee.

Geschichten:
Erdbeeren waren schon bei unseren Vorfahren ein bedeutendes Lebensmittel. Im Volksglauben dachte man, dass die Früchte, die beim Ernten zu Boden fallen, nicht wieder aufgesammelt werden dürfen, da sie den armen Seelen gehören.

Aus den Walderdbeeren züchtete man die Gartenerdbeere, aber der Geschmack und die Heilwirkung sind bei der Walderdbeere unübertroffen.

Sie gehört zu den Vitamin-C-reichsten und köstlichsten Früchten.

FICHTE
Picea abies

Volksname:
Rottanne, Schwarztanne

Familie:
Kieferngewächse, Pinaceae

Erkennung/Merkmale:
Die Fichte ist ein Nadelbaum mit rotbrauner Rinde. Äste neigen sich nach unten, und daran hängen Zapfen, die den Samen tragen. Die Fichtenzapfen fallen im Gegensatz zur Tanne ab. An den Zweigen wachsen runde bis kantige und stechende Nadeln. Im Frühling erfreuen uns die neuen, zarten, hellgrünen und weichen Nadeln. Das frische Nadelwerk duftet beim Zerdrücken nach Harz und Zitrone.

Mögliche Verwechslung:
Mit anderen Nadelbäumen wie Tanne, Kiefer usw. Vorsicht ist geboten bei der sehr giftigen Eibe! Diese bildet keine Zapfen, sondern rote Früchte.

Inhaltsstoffe:
Ameisensäure, Ätherische Öle, Gerbstoffe, Harze, Limonen, Vitamin C.

Heilwirkung:
In der Volksmedizin gilt sie als hustenstillend, schleimlösend, schweißtreibend, beruhigend und entzündungshemmend.

Standort:
Häufig in Monokulturen, auch in Mischwäldern und in Gärten.

Verwendete Pflanzenteile:
Die zarten Nadeln zu Salat, aufs Butterbrot, für Getränke, Sirup, Likör, Tee, Gelee und für Vollbäder.

Geschichten:
Die Fichte gehört zu den am meist verbreiteten Nadelbäumen, wie hier im Bayerischen Wald. Unter guten Bedingungen kann sie ein stattliches Alter und Größe erreichen.

Die Altersbestimmung kann am leichtesten bei einem gefällten Baum durch Auszählen der Jahresringe ermittelt werden. Diese geben auch Auskunft über die Wachstumsbedingungen.

Mit Harz versucht die verletzte Fichte die Rinde zu schließen, um sich vor Krankheitskeimen zu schützen.

Uns Imker erfreut besonders der begehrte Waldhonig.

FRAUENMANTEL

Alchemilla vulgaris

Volksname:

Allerfrauenheil, Frauenhilf, Frauenrock, Frauentrost, Herrgottmäntelchen, Marienmantel, Milchkraut, Perlkraut, Sonnentau, Taukraut, Weiberkittel

Familie:

Rosengewächse, Rosaceae

Erkennung/Merkmale:

Die weichen, handförmigen Blätter sind am Rand gezähnt und sehen aufgefaltet wie ein ausgebreiteter Mantel aus. Winzige, gelbgrüne und knäuelförmig angeordnete Blüten sehen aus, als würden sie auf den Blättern sitzen. Blütezeit: Mai bis September.

Mögliche Verwechslung:

Mit anderen Arten, die Formenvielfalt ist sehr groß.

Inhaltsstoffe:

Ätherische Öle, Bitterstoffe, Flavonoide, Glykoside, Chlorophyll, Gerbstoffe, Phytosterin, Saponine.

Heilwirkung:

Der Frauenmantel wirkt entzündungshemmend, schmerzlindernd und krampflösend. In der Volksmedizin wird er eingesetzt bei klimakterischen Beschwerden und schmerzhafter Regel der Frau, aber auch bei Magen- und Darmkatarrhen, Durchfall, zur „Blutreinigung", Mundspülung, und zur Nervenberuhigung.

Standort:

Auf feuchten Wiesen, Bachrändern, bei Gebüschen und an Straßenböschungen.

Verwendete Pflanzenteile:

Blätter und Blüten als essbare Dekoration, in Salat, zu Gemüse, Suppen, Presssäften und Tee. Frisch zerquetschtes Kraut als Erstversorgung bei Verletzungen auflegen.

Geschichten:

Über winzige Drüsen am Blattrand scheidet der Frauenmantel kleine Tropfen (Guttation) aus. Frühaufsteher können beim Morgentau diese Wassertropfen auf den Blättern sammeln. Auf die Gesichtshaut verteilt soll das die beste Pflege sein. Welche Bedeutung diese Tautropfen für die Menschen im Mittelalter hatten, wird durch den Namen „Himmelswasser" deutlich.

Kräuterpfarrer Künzle: „Die Alten kannten die Heilkraft dieser Pflanze ganz wohl und gaben ihr den Namen Alchymilla (Zauberkraut)".

Auf alten Marienbildern trug Maria einen Umhang als Mantel, der dem Blatt des Frauenmantels ähnlich sieht. Daher auch der Name Marienmantel.

Folgendes Lied zeigt, dass nicht immer alle begeistert waren von den Vorteilen des Frauenmantels: *„Ach melken, melken immerfort! Oh! Wärt ihr Kräuter längst verdorrt, die ihr so reichlich sprießet, von Milch ihr überfließet".* Bedienstete auf Bauernhöfen mussten nämlich besonders viel melken, wenn die Kühe Gras mit Frauenmantel bekamen.

GÄNSEBLÜMCHEN

Bellis perennis (schön und ausdauernd)

Volksname:
Angerbleamerl, Augenblume, Marienblümchen, Mairöserl, Maßliebchen, Mondscheinblume, Morgenblume, Tausendschön, Winterröschen. In England: „Daisy“ = Auge des Tages (dort gilt als Wettervorhersage: Kann man auf sieben Gänseblümchen gleichzeitig steigen, dann ist Frühling)

Familie:
Korbblütengewächse, Asteraceae

Erkennung/Merkmale:
Den meisten Menschen ist dieser kleinwüchsige, zierliche Korbblütler ein Begriff. Die kleinen, zarten Blätter sehen dem Feldsalat ähnlich und bilden eine Blattrosette. Weiße Blütenblätter sind bei Sonnenschein geöffnet und laufen nach kühlen Nächten oft rötlich an. Seine winzigen Röhrenblüten in der Mitte leuchten gelb. Blütezeit: Fast das ganze Jahr.

Mögliche Verwechslung:
Ist eigentlich nicht möglich.

Inhaltsstoffe:
Ätherische Öle, Bitterstoffe, Flavonoide, Gerbstoffe, Mineralstoffe, Saponine, Schleimstoffe, Vitamine.

Heilwirkung:
In der Volksmedizin ist es bekannt als wundheilend, blutreinigend, stuhlerweichend. Es findet Anwendung bei der Frühjahrskur zur Anregung des Stoffwechsels, bei Hauterkrankungen, als Magen- und Lebermittel und bei Erkältungskrankheiten.

Standort:
Auf ungedüngtem Rasen, Böschungen und Gärten.

Verwendete Pflanzenteile:
Blätter, Knospen und Blüten zu Salaten, essbarer Dekoration, Kapern, Brotaufstrichen, Suppen, Tee aus Blüten und Blättern und als Wundauflage.

Geschichten:
In alten Legenden wird diese Geschichte erzählt: Da die Hl. Maria auf der Flucht nach Ägypten sehr viel weinte, soll aus ihren Tränen das Gänseblümchen entstanden und durch Blutstropfen die Blütenblätter rötlich gefärbt worden sein.

Besonders Kinder werden von dieser zierlichen Schönheit angesprochen, um daraus Haarkränzchen zu binden und so spielerisch die Natur kennen zu lernen.

Das Gänseblümchen galt als Blume von Freya, der Göttin der Liebe und des Glücks, als Zeichen für Fruchtbarkeit und Neubeginn.

Liebesorakel: *Er liebt mich, von Herzen, mit Schmerzen, über alle Maßen, zum Rasen, kann es gar nicht lassen, ein wenig, gar nicht.*

Die ersten Frühlingsblüher hat man mit Sehnsucht erwartet. Darum heißt es auch im Volksmund: Isst man das erste Gänseblümchen nach dem Winter, so hat man Glück.

GEFLECKTE TAUBNESSEL

Lamium maculatum

Volksname:

Ackernessel, Bienensaug, Blindnessel, Falsche Brennnessel, Honigblume, Kuckucksnessel, Zahme Nessel

Familie:

Lippenblütengewächse, Lamiaceae

Erkennung/Merkmale:

Die Gefleckte Taubnessel ist eine aufrecht wachsende, weiche Pflanze mit kaminroten Lippenblüten, die voll erblüht wie ein offener Schlund wirkt. Die Unterlippe ist gefleckt, daher der Name. An den vierkantigen Stängeln sind die Blüten in Quirlen angeordnet. Zwischen den Blüten sitzen gegenständig die herzförmigen Blätter ohne Brennhaare. Blütezeit: April bis Oktober.

Mögliche Verwechslung:

Vor der Blüte mit der Weißen Taubnessel, mit der Roten Taubnessel, der Stängelumfassenden Taubnessel oder mit anderen dieser Art. Alle Taubnesseln können ähnlich verwendet werden.

Inhaltsstoffe:

Ätherische Öle, Flavonoide, Gerbstoffe, Glykoside, Mineralien, Saponine, Schleimstoffe, Vitamine.

Heilwirkung:

In der Volksmedizin gilt sie als schleimlösend, entzündungshemmend, verdauungsfördernd, harntreibend und zusammenziehend. Sie ist vor allem eine beliebte Gemüsepflanze.

Standort:

In Wäldern, Hecken und Gebüschen, auf Schuttplätzen, Unkrautfluren und an Zäunen.

Verwendete Pflanzenteile:

Die Sprossen, Blüten und Blätter zu Salaten, Gemüse, Spinat, Suppen, Tee, Kräuterbutter und auch zu Süßspeisen.

Geschichten:

Die Bienen können den Nektar aus den tiefen Blütenkelchen der Taubnessel nicht sammeln. Dies ist jedoch den Hummeln möglich. Auch Kinder saugen mit Vorliebe diese süße Köstlichkeit.

Tiere, z.B. Kühe, meiden sie, wenn sie bereits mit Brennnesseln in Berührung gekommen sind, da sie sich durch das Aussehen täuschen lassen. Sie sehen den Brennnesseln ähnlich, brennen aber nicht.

Die geöffnete Blüte erzählt eine griechische Sage über Lamia, die von Zeus ein Kind bekam. Durch Hera, Zeus' Frau, starb das Kind. Aus Verzweiflung und Hass holte sich Lamia daraufhin fremde Kinder, um sie in ihrem Rachen zu verschlingen.

GIERSCH

Aegopodium podagraria

Volksname:

Dreiblatt, Erdholler, Geißfuß, Gichtkraut, Wilder Holunder, Zipperleinskraut, Zaungiersch

Familie:

Doldenblütler, Apiaceae

Erkennung/Merkmale:

Seine doppelt dreizähligen Blätter sind gefiedert und der Blattrand ist gesägt. Weitere sichere Merkmale sind der typische angenehme Geruch, der an Petersilie (andere sagen an Karotten) erinnert, der dreikantige Stängel sowie die wuchernden, langen Ausläufer, die sich unterirdisch schnell verbreiten. Reißt man eine solche Wurzel (Rhizome) ab, entstehen sofort neue Triebe. Blütezeit: Juni bis August. Da zu der Familie der Doldenblütler der giftige Schierling gehört, ist es besonders wichtig, den Giersch genau bestimmen zu können.

Mögliche Verwechslung:

Die Blätter mit der jungen Pflanze der Wald-Engelwurz und des Schwarzen Holunders (bei uns heißt dieser deshalb Erdholler).

Inhaltsstoffe:

Ätherische Öle, Bitterstoffe, Carotin, Eiweiß, Flavonoide, Mineralstoffe, Provitamin A, Vitamin C.

Heilwirkung:

Giersch wird in der Volksmedizin eingesetzt bei Gicht (Podagra), Rheuma, Arthritis, zur Blutreinigung und gegen Bienenstiche.

Standort:

Der Giersch bevorzugt feuchte, nährstoffreiche Standorte im Schatten oder Halbschatten, in Wäldern, Gärten, am Waldrand und unter Sträuchern. Eigentlich hat ihn schon jeder Gartenbesitzer kennen gelernt und bezeichnet ihn oft als „lästiges Unkraut".

Verwendete Pflanzenteile:

Junge Blätter zu Suppen, Soßen, Gemüsegerichten, Aufläufen, Kräuterbrot, Kräuterbutter, Tee, Spinat, als Salat, Gewürz (Ersatz für Petersilie) und mehr.

Geschichten:

Seit jeher wird am Donnerstag vor Ostern die Gründonnerstagsuppe gekocht. In diese Suppe kommen neun Wildkräuter, dazu gehört der Giersch. Die Zusammensetzung ist von Ort zu Ort verschieden, je nachdem, welche Frühlingskräuter bereits wachsen. Aber alle Suppen versprechen neue Kraft und Wohlergehen.

Die Vielzahl der Namen spricht schon dafür, dass der Giersch, als eines der ältesten Wildgemüse, fast überall wächst und leicht gesammelt werden kann. Darum ist es sinnvoll, sich bei Kräuterführungen den Giersch genau zeigen zu lassen.

GUNDERMANN

Glechoma hederacea

Volksname:
Donnerrebe, Erdefeu, Erdkränzlein, Gundelrebe, Kranzkraut, Soldatenpetersilie, Zaungucker

Familie:
Lippenblütler, Lamiaceae

Erkennung/Merkmale:
Die winterharten Triebe mit ihren nierenförmigen Blättern wuchern wie ein Bodendecker, sogar über Zäune hinweg. Zur Blütezeit wächst er aufrecht mit kleineren Blättern, somit können die Insekten die hellvioletten Lippenblüten besser sehen. Sein intensiver, minziger Duft, der beim Zerreiben frei wird, bleibt in Erinnerung. Blütezeit: März bis Juni.

Mögliche Verwechslung:
Mit der Echten Nelkenwurz und der Knoblauchsrauke, die auch essbar sind.

Inhaltsstoffe:
Ätherische Öle, Bitterstoffe, Gerbstoffe, Kalium und andere Mineralstoffe, Saponine, Vitamin C.

Heilwirkung:
In der Volksmedizin ist die Pflanze bei Magenkatarrhen, Galle-, Leber-, Nierenbeschwerden hilfreich. Äußerlich bei Eiterungen und zum Gurgeln bei Entzündungen im Mundraum. Außerdem wirkt sie schleimlösend und stoffwechselanregend.

Standort:
In Gärten sowie in der freien Natur, meistens auf feuchten, schattigen Standorten, auf Wiesen und an Hecken, in Wäldern und an Waldrändern.

Verwendete Pflanzenteile:
Die Blätter als essbare Dekoration, für Salate, Kräuterbutter, Süßspeisen, Suppen, Kräuterlimonaden und Likör. Blühende Pflanzen werden für Tee, Aufgüsse und Badewasser getrocknet.

Geschichten:
Der Gundermann gehört auch in die Gründonnerstagsuppe. In manchen Gegenden heißt sie „Grüne Neune", da neun verschiedene Wildkräuter dazugehören (Brennnessel, Gänseblümchen, Giersch, Gundermann und weitere Frühlingskräuter).

Bei unseren Vorfahren kam der Gundermann auch als Zauberpflanze zum Einsatz. Die Menschen glaubten, der Gundermann könne mit seinen guten Kräften vor bösen Mächten schützen. Sie begrüßten tanzend mit einem gebundenen Gundermannkranz in den Haaren den nahenden Frühling.

Auch wurde den Kühen Gundermann gefüttert, damit sie beschützt wurden und weiterhin reichlich Milch gaben. Dazu sagten sie: *„Kuh, da geb ich dir die Gundelreben, dass du mir die Milch willst wieder geben"*.

Das Gundermannbier (Ale) war bei den Engländern sehr beliebt. Erst im 17. Jahrhundert kam der Hopfen ins Bier.

HEIDELBEERE

Vaccinium myrtillus

Volksname:
Bickbeere, Blaubeere, Haselbeeri, Schwarzbeere, Wehlen, Hoawa, Worbel

Familie:
Heidekrautgewächse, Ericaceae

Erkennung/Merkmale:
Der kleine Strauch mit seinen grünen, eiförmigen Blättern bekommt im Frühjahr unscheinbare grünrötliche, kugelige Blüten. Aus ihnen werden im Sommer blauschwarze, wohlschmeckende Beeren. Blütezeit: Mai bis Juni, Beerenreife: ab Juli.

Inhaltsstoffe:
Flavonoide, Fruchtsäuren, Gerbstoffe, Mineralstoffe, Pektin, Vitamine.

Heilwirkung:
Die frischen Beeren unterstützen die Verdauung, die getrockneten sind sogar ein natürliches Mittel gegen Durchfall. In der Volksmedizin wurden die Früchte und die Blätter auch bei Husten, Blasenschwäche, Magenbeschwerden, Diabetes, Hautkrankheiten, zur Stärkung der Abwehrkräfte und zur Behandlung von Hämorrhoiden eingesetzt. Vorsicht! Beim Blättertee wurden Nebenwirkungen bei Überdosierung und Langzeitgebrauch (ohnehin nicht ratsam) festgestellt. Die frischen Beeren können ohne Bedenken genossen werden.

Standort:
In lichten Laub- und Nadelwäldern, Heiden und Mooren.

Verwendete Pflanzenteile:
Die reifen Früchte zu Sahne, Säften, Likör und anderen Getränken, zu Eis, Desserts und Marmelade, für Müsli und Kuchen.

Geschichten:
Heidelbeeren sollen oft auf dem Speisezettel stehen, da sie sehr gesund sind. Sie sollen die Sehkraft stärken und sogar das „Altern verzögern".

Der Saft der Heidelbeeren färbt Zähne und Lippen schwarz. Gegen diese Färbung hilft Zitronensaft.

Als wir in Kindertagen beim Blaubeeren ernten waren, füllten wir zum Abschluss jeder einen kleinen Becher voll. Auf einem großen Stein sitzend aßen wir diese mit Genuss. Während des Heimweges sangen wir laut dieses Lied: „*Hoamzua, hoamzua Hoawa hama neters gnua, lauter große, goa koa kloane, Jucheee!!*"

HIRTENTÄSCHEL

Capsella bursa-pastoris

Volksname:
Bauernsenf, Blutkraut, Gänsekresse, Herzbeutel, Herzkraut, Muttergottesbrot, Schinkenkraut, Schneiderbeutel, Taschenkraut

Familie:
Kreuzblütler, Brassicaceae

Erkennung/Merkmale:
Das Hirtentäschel ist eine ein- bis zweijährige Pflanze. Die tief gefiederten Blätter der Blattrosette sehen manchmal den Löwenzahnblättern ähnlich. An dem aufrechten Stängel wachsen viele dreieckige Samenschoten, aber wenig Blätter. Blütenknospen und kleine weiße Blüten breiten sich an der Stängelspitze aus. Das Hirtentäschel hat gleichzeitig Blüten und Samen an einer Pflanze und schmeckt kresseähnlich. Blütezeit: März bis November.

Mögliche Verwechslung:
Mit Wiesenschaumkraut, Acker-Hellerkraut, Pfeilkresse und Feldkresse, die auch essbar sind und zur Familie der Kreuzblütler gehören.

Inhaltsstoffe:
Aminosäuren, ätherisches Öl, Bitterstoffe, Flavonoide, Gerbstoffe, Kalium, ein Peptid mit blutstillender Wirkung, Senfölglykoside, Vitamine, Saponine.

Heilwirkung:
In der Volksmedizin wird es als blutstillend und verdauungsfördernd geschätzt. Die Pflanze wird bei Wunden, Rheuma und Gicht und zur Mundspülung angewendet. Das frühere BGA (Bundesgesundheitsamt) erkannte Hirtentäschel zur unterstützenden Behandlung übermäßiger Monatsblutungen an.

Standort:
Auf Wiesen, Äckern, Schuttflächen und an Wegböschungen, in Gärten und an Mauern.

Verwendete Pflanzenteile:
Blätter, Blüten und die grünen Früchte zu Salaten, Suppen, Brotaufstrichen, Senf, Eierspeisen, Quark und Soßen, auch zu Tee und Heilsalben. Sehr gut geeignet für die Frühjahrskur.

Geschichten:
Beim Hirtentäschel kann man sich den Namen leicht merken, weil dieser auf das Aussehen der Samen hinweist, die den Taschen der Hirten ähnlich sind.

Das Hirtentäschel mit seinen circa 60.000 Samen kann auf der ganzen Welt gesammelt werden.

Es war auch bei Weissagungen sehr gefragt, besonders wenn es darum ging herauszufinden, ob man geliebt wird. Dabei wurden die herzförmigen Samen mit den Worten: *„Er liebt mich, von Herzen, mit Schmerzen, ein wenig, fast gar nicht…"* einzeln abgezupft.

HOPFEN

Humulus lupulus

Volksname:

Bierhopfen, Hopf, Hopfenblüten, Hopfenzapfen, Hupfen, Wilder Hopfen, Zaunhopfen

Familie:

Hanfgewächse, Cannabaceae

Erkennung/Merkmale:

Der Hopfen ist eine raue Schlingpflanze, die 3 bis 7 Meter hoch wächst. Sie treibt jeden Frühling wieder neu aus. Nur die weiblichen Blüten reifen zu den typischen, herabhängenden Hopfenzapfen, die als Arznei und zum Brauen von Bier verwendet werden. Die hauptsächlichen Wirkstoffe sind in den kleinen gelben Drüsen der Hopfenzapfen enthalten. Darum werden die Zapfen geerntet, bevor die Drüsen abgefallen sind. Die männlichen Pflanzen haben unauffällige kleine Blüten. Beim Hopfenanbau wird darauf geachtet, dass vermehrt weibliche Pflanzen auf dem Feld wachsen. Blütezeit: Sommer.

Mögliche Verwechslung:

Mit der Waldrebe, die aber nicht innerlich verwendet werden kann (giftig!), keine Zapfen entwickelt und nicht ohne zusätzliche Kletterhilfe in die Höhe wächst.

Inhaltsstoffe:

Ätherische Öle, Flavonoide, Harze, Humolon, Lupulon (Hopfenbitter), Mineralstoffe, Schleimstoffe.

Heilwirkung:

Der Hopfen wirkt beruhigend und schlaffördernd.

Standort:

In Auenwäldern, feuchten Gebüschen und Hecken. An sonnigen bis halbschattigen Waldrändern und an Ufern, auch in Gesellschaft der Waldrebe. Gezielt angebaut in großen Hopfenfeldern zur Bierherstellung.

Verwendete Pflanzenteile:

Die jungen Triebspitzen im Frühjahr und Hopfensprossen für verschiedene Gerichte. Weibliche Hopfenblüten zu Tee, Bier, Wein, Badewasser und Hopfenkissen.

Geschichten:

Sobald die jungen Triebspitzen aus der Erde schauen, können sie geerntet werden, um daraus eine Delikatesse, den „Hopfenspargel“, zu kochen.

Die Ranken des Hopfens werden auch zum Flechten von Seilen verwendet.

KIRSCHE

Prunus avium

Volksname:

Süßkirsche, Vogelkirsche, Wildkirsche

Familie:

Rosengewächse, Rosaceae

Erkennung/Merkmale:

Durch seine rotbraune, glänzende Rinde mit Quersteifen und den dicken Knospen ist der Kirschbaum auch ohne Laub erkennbar. Die Blüten im Frühjahr sind weiß und duftend. Über den ersten blühenden Obstbaum freuen sich Bienen und Hummeln besonders. Die gezähnten Blätter erscheinen erst nach der Blüte. Die essbaren Früchte werden im Sommer süß und rot bis schwarz. Sie schmecken viel intensiver als die Zuchtformen, sind aber wesentlich kleiner als Süßkirschen. Das Laub leuchtet im Herbst rot.

Mögliche Verwechslung:

Mit anderen Kirscharten.

Inhaltsstoffe:

Ätherisches Öl, Bitterstoffe, Enzyme, Fruchtsäure, Fruchtzucker, Gerbstoffe, Harz, Kalium, Magnesium, Pektin, Pflanzenfarbstoffe, Vitamine.

Heilwirkung:

Die Kirsche ist harntreibend, blutbildend, schleimlösend, schmerzlindernd und erfrischend. In der Volksheilkunde wurden Kirschen, Kerne, Blätter, Blüten, Stiele, Rinde und auch das Kirschharz zu Heilzwecken verwendet.

Standort:

In Laubwäldern, Hecken und an Böschungen.

Verwendete Pflanzenteile:

Blüten, Früchte und Blätter für Salate, Wein, Likör, Gelee, Eis und Torten, die Kerne für Kirschkernkissen. Frisch vom Baum schmecken sie am besten.

Geschichten:

Am 4. Dezember werden Kirschzweige geschnitten, Barbarazweige genannt, und in warmes Wasser gestellt. Wir können uns auf ein gutes Jahr freuen, wenn die Zweige an Weihnachten blühen.

Die Beliebtheit der Kirschen zeigt sich in vielen Gedichten und Rätseln: *„Es sitzt eine Jungfrau auf einem Baum, hat ein rotes Röcklein an. In ihrem Herzen ist ein Stein. Rat, was mag das sein?“* (unbekannt)

Kirschkernkissen werden angewärmt gerne als Heizkissen, auch gegen Bandscheibenbeschwerden und zur Beruhigung von Säuglingen verwendet.

In anderen Ländern, wie zum Beispiel Japan, erfährt der Kirschbaum höchste Verehrung. Besonders bei den Kirschblütenfesten wird er bewundert und gefeiert.

KNOBLAUCHSRAUKE

Alliaria petiolata

Volksname:
Bärentatze, Knoblauchshederich, Lauchhederich, Lauchkraut, Waldknoblauch

Familie:
Kreuzblütengewächse, Brassicaceae

Erkennung/Merkmale:
Die Knoblauchsrauke ist eine zweijährige Pflanze mit einem kräftigen, aufrechten Stiel, an dem die Blätter unterschiedlich wachsen. Im unteren Bereich sind sie groß und nierenförmig, im oberen herzförmig spitz und riechen beim Zerreiben aromatisch nach Knoblauch. Die weißen, zierlichen Kreuzblüten bringen schmale, vierkantige Schoten mit winzigen schwarzen Samen hervor.

Mögliche Verwechslung:
Mit Scharbockskraut, Gundermann, Brennnessel und Echtem Nelkenwurz, die auch alle essbar sind.

Inhaltsstoffe:
Ätherische Öle, Mineralstoffe, Saponine, Senfölglykoside, Vitamine.

Heilwirkung:
In der Volksmedizin wird sie eingesetzt bei Asthma, Gicht, Verdauungsstörung und Wurmbefall. Sie wirkt harntreibend, schleimlösend, blutreinigend, wundheilend und desinfizierend.

Standort:
An Waldrändern, Lichtungen, Hecken und Gebüschen, im Halbschatten und in naturbelassenen Gärten.

Verwendete Pflanzenteile:
Blätter, Blüten und Samen als essbare Dekoration, Gewürz, zu Salaten, Suppen, Soßen, Kräuterbutter, Kräuterfüllungen und zu Senf.

Geschichten:
Das Kraut hat den Namen nach seinem Knoblauchgeruch bekommen. Im Gegensatz zum echten Knoblauch verursacht es keine Körperausdünstungen.

Besonders hervorzuheben sind die verschiedenen Geschmacksrichtungen der Pflanze. Die Samenkörner zeichnen sich durch ihre Schärfe aus, und wer etwas Außergewöhnliches probieren möchte, kann aus den scharfen Samen der Knoblauchsrauke, vermischt mit Essig und Honig, selber Senf herstellen.

Die Knoblauchsrauke kann leicht mit ein paar Samenkörnern im Garten herangezogen werden.

LÖWENZAHN

Taraxacum officinale

Volksname:
Augenmilch, Bettpisser, Brunzer, Butterblume, Eierblume, Kettenblume, Kuhblume, Lichterblume, Märzenbusch, Milchkraut, Mönchskopf, Pusteblume, Saubleame, Schmalzblümlein, Sonnenwirbel

Familie:
Korbblütengewächse, Asteraceae

Erkennung/Merkmale:
Die spitzen, vielgestaltigen, gezähnten Blätter des ausdauernden, anpassungsfähigen Löwenzahns bilden eine Grundrosette. Weißer Milchsaft, der aus der ganzen Pflanze tropft, hinterlässt auf Haut und Kleidung braune Flecken. Der hohle, unverzweigte Stängel trägt eine leuchtend goldgelbe Blüte, aus der die Pusteblume mit ihren feinen, seidigen Härchen entsteht. Bei Wind können sie mehrere Kilometer fliegen. Seine kräftige, tiefe Pfahlwurzel enthält im Herbst besonders viel Inulin, im Frühjahr weniger, dafür mehr Bitterstoffe. Blütezeit: März bis Mai.

Mögliche Verwechslung:
Mit dem ungiftigen Wiesenpippau.

Inhaltsstoffe:
Ätherisches Öl, Bitterstoffe, Carotine, Cholin, Eisen, Flavonoide, Fructose, Gerbstoffe, Inulin, Kieselsäure, Mineralstoffe, Schleime, Spurenelemente, Vitamine.

Heilwirkung:
Diese wichtige Pflanze gilt in der Volksmedizin als blutreinigend, harntreibend, nierenanregend und leberstärkend. Sie ist deshalb besonders geeignet für eine Frühjahrskur. Die Darmtätigkeit wird angeregt, das Wohlbefinden verbessert, der ganze Körper belebt und gestärkt. „Bringt den Stoffwechsel wieder in Fluss."

Standort:
Auf Wiesen, in Gärten und zwischen Pflastersteinen.

Verwendete Pflanzenteile:
Blätter, Blüten und Wurzeln zu Salaten, Suppen, Gemüse, Likören, Tee, Presssäften, als Kaffeeersatz, essbare Dekoration, zu Gelees und zu Süßspeisen.

Geschichten:
Aus Löwenzahnstängeln können Kinder wunderschöne Löckchen zaubern. Man reißt die Stängel oben und unten ein und legt sie ins Wasser.

Auch die Bienen besuchen die nektarreichen Pflanzen gern. Für den Imker ist es Zeit, im Bienenvolk Platz für Honigraum zu schaffen.

Man meint, es wäre ein und dieselbe Pflanze, wenn man eine goldgelb leuchtende Löwenzahnwiese sieht. Aber der Eindruck täuscht. Jedes Blatt hat zwar zahnähnliche Einkerbungen, ist aber von Pflanze zu Pflanze unterschiedlich.

Haben Sie schon mal einen Strauß mit blühendem Löwenzahn verschenkt?

SAUERAMPFER

Rumex acetosa

Volksname:
Gugeruz, Ochsenzunge, Roter Heinrich, Roter Ritter, Sauerknöterich, Sauerwein, Schneiderkas, Surampel

Familie:
Knöterichgewächse, Polygonaceae

Erkennung/Merkmale:
Am aufrechten Stängel sitzen die pfeilförmigen, saftigen und ganzrandigen Blätter. Der saure Geschmack gibt diesem Ampfer seinen Namen. Unscheinbare grüne, zum Teil rötliche Blüten entwickeln sich zu rostroten Rispen. Blütezeit: April bis Mai.

Mögliche Verwechslung:
Mit breitblättrigem oder krausem Ampfer, mit dem Kleinen Sauerampfer, dem Wiesenknöterich und dem giftigen Aronstab (Vorsicht!).

Inhaltsstoffe:
Bitterstoffe, Flavonoide, Gerbstoffe, Mineralien, Oxalsäure, Vitamine.

Heilwirkung:
In der Volksmedizin wird der Sauerampfer bei der Frühjahrskur zur Entschlackung und zur Stärkung der Abwehrkräfte eingesetzt. Man schreibt ihm blutreinigende, appetitanregende, harntreibende, gallenreinigende und steintreibende Kräfte zu.

Standort:
Auf Wiesen, Weiden und an Wegrändern.

Verwendete Pflanzenteile:
Blätter und junge Blüten zu Salaten, Suppen, Gemüse, Soßen, Omeletts, Kräuterbutter, Tee (in Maßen genießen wegen des hohen Oxalsäuregehalts).

Geschichten:
Die Gründonnerstagssuppe besteht aus neun Kräutern, und der Sauerampfer passt für den dazu, der es säuerlich mag.

Auf die Wiese gehen, jungen Sauerampfer pflücken und frisch probieren, war seit Jahrhunderten für Kinder ein Erlebnis. Es wäre schön, ihnen dies heute noch nahe zu bringen.

Arm Kräutlein
Ein Sauerampfer auf dem Damm
stand zwischen Bahngeleisen,
machte vor jedem D-Zug stramm.
Sah viele Menschen reisen.
Und stand verstaubt,
und schluckte Qualm
schwindsüchtig und verloren,
ein armes Kraut, ein schwacher Halm,
mit Augen, Herz und Ohren.
Sah Züge schwinden, Züge nahn.
Der arme Sauerampfer
Sah Eisenbahn und Eisenbahn
Sah niemals einen Dampfer.

(Joachim Ringelnatz)

SCHAFGARBE
Achillea millefolium

Volksname:

Augenbraue der Venus, Bauchwehkraut, Blutstillkraut, Frauendank, Heil aller Welt, Jungfernkraut, Margarethenkraut, Mausleiterl, Schafzunge, Soldatenkraut, Tausendblatt, Zimmermannskraut

Familie:

Korbblütengewächse, Asteraceae

Erkennung/Merkmale:

Die feinen, gefiederten Blätter, einer Augenbraue ähnlich, entwickeln beim Zerreiben einen herbwürzigen Geruch und sind mit winzigen Stachelborsten abgeschlossen. Wir spüren die Borsten ganz deutlich, wenn wir mit dem federweichen Blatt über die Lippen streichen. Der markige, reißfeste Stängel lässt sich schwer abbrechen, und es besteht die Gefahr, den gesamten Wurzelstock mit auszureißen. Die Blütenstände im oberen Teil des Stängels sind mit kleinen Körbchen bestückt, weiß bis rosa. Blütezeit: Frühsommer bis in den Spätherbst hinein.

Mögliche Verwechslung:

Mit der Sumpfgarbe. Hier sind die Körbchen größer, aber weniger zahlreich.

Inhaltsstoffe:

Ätherisches Öl, Bitterstoffe, Flavonoide, Gerbstoffe, Mineralien, Schleimstoffe, Vitamine.

Heilwirkung:

Sie wird als blutstillend, krampflösend, zusammenziehend, antibakteriell, entzündungshemmend und verdauungsfördernd beschrieben. In der Volksmedizin wird sie auch zur Linderung von Wadenkrämpfen, krampfartigen Beschwerden im Magen-Darm-Bereich, Appetitlosigkeit, Blutarmut, Menstruationsbeschwerden, Hämorrhoiden, zur Wundheilung und gegen Würmer verwendet.

Standort:

Auf sonnigen Wiesen, Weg- und Feldrändern. Die Schafgarbe ist sehr genügsam.

Verwendete Pflanzenteile:

Frische, junge Schafgarbenblätter passen zu Kräutersalz, Kräuterbutter, Quark, Suppen, Salat, Omelett, zu Eintöpfen usw. Das blühende Kraut für Tee, Umschläge, Sitzbäder, Salben und zum Färben.

Geschichten:

Die Mädchen legten sich die Blüten unter das Kissen, damit ihr Liebster ihnen im Traum erschiene.

Die griechische Sage berichtet, dass Achilles die Verletzung durch einen Pfeil an der Achillessehne mit Schafgarbe behandelte, so wie es ihm die Göttin Venus (Göttin der Liebe) geraten hatte.

An Maria Himmelfahrt, am 15. August, findet jedes Jahr die Kräuterweihe statt. Dabei werden mit verschiedenen Kräutern Kräuterbuschen gebunden. Als Regel gilt, drei oder sieben Kräuter oder jeweils ein Vielfaches davon zu verwenden. Zu den Kräuterbuschen gehört unbedingt die Schafgarbe als wichtiges Frauenkraut zu Ehren der Hl. Maria.

SCHARBOCKSKRAUT

Ranunculus ficaria

Volksname:
Butterblume, Feigwurz, Frühsalat, Gichtblatt, Glitzerli, Schmalzblatt, Spiegelblume, Sternli

Familie:
Hahnenfußgewächse, Ranunculaceae

Erkennung/Merkmale:
Mit seinen saftigen, herz- bis nierenförmigen Blättern bildet das Scharbockskraut sehr bald im Frühling einen stark glänzenden Bodendecker mit dottergelben, sternförmigen Blüten. In den Blattachseln wachsen zur Fortpflanzung kleine Brutknospen und unterirdisch winzige Wurzelknollen. Im fortgeschrittenen Frühling welkt die ganze Pflanze und der Bodendecker verschwindet wieder von allein.

Mögliche Verwechslung:
Die Blätter des Scharbockskrauts mit den Blättern von Gundermann, Knoblauchsrauke und Veilchen.

Inhaltsstoffe:
Ätherische Öle, Gerbstoffe, Mineralstoffe, Saponine, Vitamin C.

Heilwirkung:
Die Pflanze gilt in der Volksmedizin als blutreinigend und vitaminspendend. Scharbockskraut wird bei Frühjahrskuren, Hämorrhoiden und auch bei Hautunreinheiten verwendet.

Standort:
Feuchte Laubwälder, Auwälder, Obstgärten, Gebüsche, Wiesen und neben Bächen.

Verwendete Pflanzenteile:
Blätter, Blütenknospen und Knöllchen zu Presssaft, Salat, essbarer Dekoration, Frischkäse, Tee und Sitzbad. Verwendung nur vor der Blüte!

Geschichten:
Scharbock oder Skorbut entstand in früheren Zeiten häufig aufgrund von Vitamin-C-Mangel. Unseren Vorfahren zeigte die Erfahrung, dass Scharbockskraut und andere Frühlingskräuter Erleichterung bringen.

Einige Blättchen des Scharbockskrauts gehören natürlich auch in die Gründonnerstagssuppe.

„Neben dem Bach den roten Weiden nach, haben in diesen Tagen gelbe Blumen viel ihre Goldaugen aufgeschlagen. Und mir, der längst aus der Unschuld fiel, rührt sich Erinnerung im Grunde an meines Lebens goldene Morgenstunde und sieht mich hell aus Blumenaugen an. Ich wollte Blumen brechen gehen; nun lass ich sie alle stehn und gehe heim, ein alter Mann".

(Hermann Hesse)

SCHLEHE (SCHLEHDORN)

Prunus spinosa

Volksname:

Bockbeerli, Dornschlehe, Haferpflaume, Hagedorn, Sauerpflaume, Schwarzdorn

Familie:

Rosengewächse, Rosaceae

Erkennung/Merkmale:

Während im Frühjahr auf den Wiesen erstes Grün entsteht, beginnt der dornige und mit schneeweißen Blüten übersäte Schlehenstrauch zu leuchten, als wäre er umhüllt. Die kleinen grünen, fein gesägten Blätter treiben erst nach der Blüte aus. Wegen der stacheligen, knorrigen Zweige lassen sich die kugelrunden, blau bereiften Schlehen sehr schwer ernten. Damit die Schlehenfrüchte milder schmecken, sollte die Ernte bis nach den ersten Frostnächten verschoben oder die Früchte einige Zeit eingefroren werden. Roh probiert merkt man ganz deutlich die Gerbstoffe. Blütezeit: März bis April. Beerenzeit: ab September.

Mögliche Verwechslung:

Mit Wildpflaumen oder Weißdorn. Der Weißdorn blüht nach dem Austreiben der grünen Blätter.

Inhaltsstoffe:

Bitterstoffe, Farbstoffe, Flavonoide, Gerbstoffe, Glykoside, Mineralstoffe, Säuren, Vitamine.

Heilwirkung:

In der Volksmedizin finden Blüten und Blätter als mildes Abführmittel, bei Magenkrämpfen, bei Husten, zur Blutreinigung, bei Wassersucht und Hautausschlägen Verwendung. Die Früchte sind blutreinigend, harntreibend, magenstärkend und zusammenziehend.

Standort:

An sonnigen Hecken, Berghängen, Weg- und Waldrändern.

Verwendete Pflanzenteile:

Die Blüten und Blätter zu Tee. Die Früchte zu Mus oder Marmelade, zu Saft, Wein, Likör, Essig, Dessert und Gebäck.

Geschichten:

Die kleinen weißen Blüten galten von je her als Wetterprophet: *„So viele Tage die Schlehe vor Walpurgi (1. Mai) blüht, so viele Tage vor Jakobi (25. Juli) der Schnitter zur Ernte zieht"* oder *„Ist die Schlehe weiß wie Schnee – ist's Zeit, dass man die Gerste sät"*.

Wie wichtig Hecken für unsere Landschaft, für unsere Wildtiere und uns Menschen sind, wussten schon unsere Ahnen.

Schon unsere Vorfahren feierten Jahreskreisfeste mit Kräutern, wie den Beginn der wärmeren Jahreszeit mit der Walpurgisnacht vom 30. April zum 1. Mai. In dieser Nacht, so dachte man, sind Geister unterwegs. Deshalb wurden stachelige Schlehenzweige aufgehängt, um Haus und Stall zu schützen.

SCHWARZER HOLUNDER

Sambucus nigra

Volksname:

Altholder, Elderbaum, Flieder, Holder, Holla, Holler, Hollerbusch, Hoja, Schwarzholder, Schwitztee

Familie:

Geißblattgewächse, Caprifoliaceae

Erkennung/Merkmale:

Der stark verzweigte Strauch mit seiner grauen, rissigen, warzig punktierten Rinde wurde von jeher sehr geschätzt. Die gegenständig gefiederten Blätter sind am Rand fein gesägt. Aus den weißen, doldenartigen und intensiv duftenden Blüten werden kleine saftige und glänzend schwarze Beeren. Blütezeit: Mai bis Juli. Beerenzeit: ab September.

Mögliche Verwechslung:

Mit Traubenholunder, dessen Früchte rot sind oder mit dem giftigen Attich, dessen Dolden aufrecht stehen. Beim Schwarzen Holunder hängen die Dolden.

Inhaltsstoffe:

Ätherische Öle, Flavonide, Gerbstoffe, Glykoside, Mineralstoffe, Pflanzenschleime, organische Säuren, Vitamine.

Heilwirkung:

Er ist hilfreich bei fieberhaften Erkältungskrankheiten, Husten und vorbeugend zur Stärkung der körpereigenen Abwehrkräfte. In der Volksmedizin auch bekannt als blutreinigend, leicht abführend, schweiß- und harntreibend.

Standort:

In Gärten, Hecken, an Waldrändern, neben Scheunen und Bauernhäusern.

Verwendete Pflanzenteile:

Blüten und Früchte zu Getränken, Wein, Likör, Tee, Essig, Chutneys, Süßspeisen, Marmelade, Soßen usw. Nur abgekochte Früchte verwenden!

Geschichten:

„Ringel, Ringel, Reiher, die Enten sind im Weiher, die Vögel sind am Hollerbusch, und machen alle husch, husch, husch." (Liedreim aus Kindertagen)

Der Holunder genoss seit jeher große Wertschätzung. So heißt es noch heute, dass man den Hut ziehen müsse, wenn man am Holunderbusch vorbeigeht.

„Oh, wer zählt die Wunder alle dieses Bäumchens wohl? Rinde, Beere, Blatt und Blüte, jeder Teil ist Kraft und Güte, jeder segensvoll!" (unbekannt)

Der Holunder symbolisiert Durchhaltevermögen und Überlebenswillen. Wer schon einmal die Äste stark zurück geschnitten hat, merkt, dass der Strauch trotzdem im neuen Jahr wieder austreibt und schön und blühend wird.

„Nachbars Kinder und Nachbars Holunder bannest du nie auf die Dauer. Schließest du ihnen die Türe, oh Wunder! Klettern sie über die Mauer." (unbekannt)

SPITZAHORN

Acer platanoides

Volksname:
Limboum, Leimbaum, Lenne

Familie:
Aceraceae, Ahorn-Arten

Erkennung/Merkmale:
Der Spitzahorn mit seiner lichten Krone und dem schlanken Stamm ist seltener als die anderen Ahornarten. Vor dem Laubaustrieb blühen die aufrechten, hellgelben Doldentrauben, die gern von Bienen aufgesucht werden. Die fünflappigen, handförmigen und gezähnten Blätter glänzen im Frühling hellgrün. Besonders im Herbst fällt der Laubbaum durch seine leuchtend roten und orangefarbigen Blätter auf. Blütezeit: April bis Mai.

Mögliche Verwechslung:
Mit anderen Ahornarten wie Feldahorn und Bergahorn.

Heilwirkung:
In der Volksmedizin legte man seine Blätter als kühlendes Mittel bei Fieber, Schwellungen und Insektenstichen auf.

Standort:
In Laubwäldern, Parks, Alleen und Grünanlagen.

Verwendete Pflanzenteile:
Die jungen Blätter, Knospen und Blüten zu Salat, Gemüsegerichten und als essbare Dekoration.

Geschichten:
Durch die rot-orange Herbstverfärbung der unterschiedlichen Ahornsorten, die sonst nirgends so bunt leuchten, ist der Begriff *„Indian Summer"* in Nordamerika entstanden. Die Indianer nutzten vor allem die schönen bunten Herbsttage für das Sammeln der Wintervorräte.

In Notzeiten wurde im Frühling die Rinde des Ahornbaums angezapft, um den süßlichen Baumsaft zu gewinnen. Dieser wurde zu Sirup eingekocht. Auch heute ist dies beim Zuckerahorn in Nordamerika noch üblich. Wir dürfen dabei nicht vergessen, dass dieser Saft mit seinen Inhaltsstoffen eine wichtige Reserve für den Baum ist und er durch die Verletzung der Rinde zusätzlich geschädigt wird. Mit einem roten Ahornblatt auf der kanadischen Flagge wird sein Wert ausgedrückt.

„...Die Eiche starret mächtig, und eigensinnig zackt sich Ast an Ast; Der Ahorn mild, von süßem Safte trächtig, steigt rein empor und spielt mit seiner Last..."

(aus Goethes Faust)

Der Spitzahorn gilt als Baum der guten Laune und der Optimisten. Er ist der Baum des Jahres 1995.

SPITZWEGERICH

Plantago lanceolata

Volksname:
Aderblatt, Heilwegerich, Heudieb, Heufressa, Hundsrippen, Lungenblatt, Rippenkraut, Schafzunge, Siebenrippe, Spitzfederich, Sohlenkraut

Familie:
Wegerichgewächse, Plantaginaceae

Erkennung/Merkmale:
Er bringt spitze, schmale, lanzettliche und grundständige Blätter mit fünf deutlich erkennbaren länglichen Nervenbahnen hervor. Bräunlich blühende, kolbenartige Ähren strecken sich am Ende der blattlosen Stängel über die Blätter hinaus. Im reifen Zustand werden die Ähren von winzigen weißen Staubgefäßen umringt. Blütezeit: Mai bis September.

Mögliche Verwechslung:
Mit dem Mittleren Wegerich, dessen Blätter etwas breiter sind oder mit dem Breitwegerich, der zähere und noch breitere Blätter hat.

Inhaltsstoffe:
Bitterstoffe, Flavonoide, Gerbstoffe, Glykosid Aucubin, Kieselsäure, Mineralstoffe, Schleimstoffe, Seifenstoffe, Vitamine.

Heilwirkung:
Er gilt in der Volksmedizin als schleimlösend, blutreinigend, antibiotisch, zusammenziehend und wundheilend. „Zur Reizlinderung bei Katarrhen der oberen Luftwege, Entzündungen der Mund- und Rachenschleimhaut", heißt es laut BGA.

Standort:
Auf Wiesen, Gärten, Feldern und an Wegrändern.

Verwendete Pflanzenteile:
Blätter und Blütenstände zu Salaten, Gemüse, Blattrouladen, Pilzgerichten, Omeletts, Brot, Sirup, Tee.

Geschichten:
Falls Sie einen längeren Fußmarsch vor sich haben, ist es sinnvoll, Spitzwegerich im Schuh zu tragen, um Blasen zu verhindern. Er ist Freund und Beschützer aller Reisenden, da der Wegerich überall auf und neben den Wegen zu finden ist und auch hilft. Wegerich heißt auch „Herrscher des Weges".

Etwa 40.000 Samen und 77 Wurzeln jeder Pflanze tragen zur guten Vermehrung bei. So wurde er bei den Indianern „Fußstapfen des weißen Mannes" genannt, da die Europäer diese Pflanze in die Heimat der Indianer brachten.

Um die Frühjahrsmüdigkeit zu vertreiben, können wir die Gründonnerstagssuppe genießen. Hinein gehört der Spitzwegerich. Dazu schmecken die nach Champignons schmeckenden Blütenstände.

Schon bei Kindern kann das Auftragen des frischen Pflanzensaftes aus den zerriebenen Blättern bei Mückenstichen als „erste Hilfe" angewandt werden.

VOGELMIERE

Stellaria media

Volksname:
Alsine, Feldsternmiere, Hühnerbiss, Hühnerdarm, Mausdarm, Sternmiere, Vogelkraut, Vogelsternmiere

Familie:
Nelkengewächse, Caryophyllaceae

Erkennung/Merkmale:
Die stark verzweigten, runden Stängel bilden einen flächendeckenden Pflanzenteppich mit kleinen, grasgrünen und saftigen Blättern. Diese wachsen paarweise an den Stängeln. Beim aufmerksamen Auseinanderziehen des Stängels erscheint ein dünner elastischer Faden (daher „Mausdarm"). Die Vogelmiere kennt kaum eine Winterpause. Zart und weiß erblüht sie fast das ganze Jahr. Die Pflanze schmeckt frisch genossen mild nach jungem Mais.

Mögliche Verwechslung:
Mit dem Ackergauchheil, der jedoch tomatenrote Blüten hat. Ackergauchheil ist kein Wildgemüse, sondern eine Heilpflanze.

Inhaltsstoffe:
Flavonoide, Mineralstoffe, Saponine, Schleimstoffe, Spurenelemente, Vitamine.

Heilwirkung:
In der Volksmedizin gilt die Vogelmiere als schleimlösend, entzündungshemmend, hustenstillend und verdauungsfördernd. Sie wird auch eingesetzt bei Rheuma, Lungenleiden, Hämorrhoiden, Nieren- und Blasenentzündung, zur Stärkung der Sehkraft und bei Augenentzündungen. Sie hält den Körper agil und beweglich.

Standort:
Auf Äckern, Schuttplätzen, Komposthaufen, an Waldrändern, in Gärten, Weinbergen, Ödland, besonders auf nährstoffreichen Böden.

Verwendete Pflanzenteile:
Als Dauergrün kann die frische Pflanze zu Salaten, Spinat, Kräuterkäse, Brot, Brotaufstrichen, Suppen, Tee, Saft und auch als essbare Dekoration verwendet werden.

Geschichten:
Auch das Federvieh hat den Hühnerdarm, wie er auch genannt wird, gern auf dem Speiseplan.

Die Vogelmiere ist eine Pionierpflanze auf nährstoffreichen Böden. Sie schützt vor Austrocknung und Erosion.

Der liebliche Dauerblüher Vogelmiere passt auch als Blumenkastenschmuck und kann jederzeit geerntet werden.

Mit Vogelmiere und Löwenzahn oder Scharfgarbe haben wir die neun Wildkräuter für die Gründonnerstagssuppe zur Frühjahrskur komplett.

WALDMEISTER

Galium odoratum

Volksname:
Duftendes Labkraut, Gliedkraut, Halskräutlein, Herzensfreund, Leberkraut, Magerkraut, Maiblume, Maikraut, Teekraut, Waldmandl, Waldtee

Familie:
Rötegewächse, Rubiaceae

Erkennung/Merkmale:
Die 6- bis 8-zähligen Blattquirle des zarten Waldmeisters sind um den vierkantigen Stängel in Etagen angeordnet. Aus dem rotbraunen Wurzelstock treiben im zeitigen Frühjahr zahlreiche Pflänzchen. Die schneeweißen, sternförmigen Blüten erscheinen am oberen Ende der Pflanze. Der Waldmeister wächst nicht allein, er ist immer in großer Gemeinschaft zu finden. Besonders auffallend ist der aromatische Duft bei getrockneten oder zerquetschten Blättern. Blütezeit: Mai bis Juni.

Mögliche Verwechslung:
Mit Wiesenlabkraut und Waldlabkraut, aber beide duften nicht nach Waldmeister.

Inhaltsstoffe:
Bitterstoffe, Cumaringlykosid, Gerbstoffe, Vitamine.

Heilwirkung:
In der Volksmedizin wird Waldmeister als Mittel bei Menstruationsbeschwerden und Migräne eingesetzt. Er wirkt auch entkrampfend, leberstärkend, beruhigend, schlaf- und verdauungsfördernd. Da beim Welken Cumarin entsteht, ist Vorsicht beim Überdosieren geboten. Cumarin kann dann Kopfschmerzen auslösen!

Standort:
Mit Vorliebe in schattigen Buchenwäldern, aber auch unter Sträuchern und Büschen.

Verwendete Pflanzenteile:
Die Pflanze zu Limonade, Bowle, Likör, Tee, zu Eis, Sahne, Desserts und für Kräuterkissen.

Geschichten:
Der Waldmeister wurde durch die Maibowle bekannt. Hier reichen 8 bis 10 Stängel pro Liter aus, um den typischen Geschmack zu erreichen.

Mit dem intensiven Duft des getrockneten Waldmeisters kann man Motten von den Schränken fern halten.

Wer Waldmeister im Garten haben möchte, streut Samen unter Bäume. Bald breitet sich bei ausreichend Schatten ein duftender Bodenteppich im Garten aus. Waldmeister soll vorsichtig geerntet werden, da man sonst die Wurzeln sehr leicht ausreißt.

WIESENSCHAUMKRAUT

Cardamine pratensis

Volksname:
Bettbrunzer, Blaue Brunnenkresse, Gauchblume, Harnsamen, Himmelfahrtsblume, Hungerblume, Kiebitzblume, Kranichblume, Kuckucksblume, Milchblume, Regenblume, Storchenblume, Wasserkraut, Wetterblume, Wiesenkresse, Wilde Kresse

Familie:
Kreuzblütler, Brassicaceae

Erkennung/Merkmale:
Die zarten unpaarig gefiederten Blätter und der hohle runde Stängel kommen erst zur Geltung, wenn die Pflanze blüht. Mit den weißen, helllila oder rosavioletten Blüten erscheinen die Wiesen im Frühjahr wie ein rosa schimmerndes Blütenmeer. Das Wiesenschaumkraut schmeckt köstlich scharf. Der Stängel kann mit feinen Schaumtropfen benetzt sein, der von dem Insekt Schaumzikade stammt. Blütezeit: April bis Mai.

Mögliche Verwechslung:
Mit Hirtentäschel, Acker-Hellerkraut, Pfeilkresse und Feldkresse, die vom Geschmack vergleichbar sind. Bei allen ist eine ähnliche Zubereitung möglich.

Inhaltsstoffe:
Bitterstoffe, Flavonoide, Mineralstoffe, Saponine, Senfölglykoside, Vitamine.

Heilwirkung:
Das Wiesenschaumkraut wird in der Volksmedizin als „blutreinigend“, belebend und harntreibend geschätzt und ist dadurch sehr gut für die Frühjahrskur geeignet. Übermengen sind zu vermeiden, Reizerscheinungen an der Niere sind möglich.

Standort:
Auf sauren, feuchten Wiesen und in Gärten.

Verwendete Pflanzenteile:
Blätter und Blüten zu Salaten, Eierspeisen, Kräuterquark und Aufstrichen, zu Mixgetränken und als Tee.

Geschichten:
Diese rosa Blüten verführen uns, einen Blumenstrauß zu binden. Da sie schon auf dem Heimweg verwelken, ist es besser, sie stehen zu lassen und sich daran zu erfreuen.

Alte Wetterregeln prophezeien Gewitter, wenn das Wiesenschaumkraut gepflückt wird.

Man verließ sich auch darauf, dass die Zugvögel zurückkommen, wenn das Wiesenschaumkraut blüht und somit endlich der Frühling Einzug hält.

REZEPTE

SALATE UND VORSPEISEN

CHAMPIGNONSALAT MIT WILDKRÄUTERN

Zutaten Salatsoße:
1 Becher Sauerrahm
Saft einer Zitrone
1 Zwiebel
1/2 TL Kräutersalz
etwas frischer Pfeffer

Zutaten Salat:
250 g frische Champignons
100 g Wildkräuter und Blüten

Zwiebel fein schneiden oder hacken. Wildkräuter und Blüten mundgerecht zupfen.

Die Zutaten für die Salatsoße verrühren und abschmecken. Die Champignons in dünne Scheiben schneiden, sofort untermischen und Wildkräuter vorsichtig unterheben.

Zutaten:
200 g Blüten und einige Blätter vom Spitzahorn
1 EL Kürbiskernöl
1 EL Balsamico-Essig
1 EL Zitronensaft
Kräutersalz

SPITZAHORNBLÜTEN-SALAT

Kürbiskernöl, Balsamico-Essig, Zitronensaft und Kräutersalz zu einer Salatsoße verrühren.

Die Blüten in einer Schüssel anrichten und mit der Soße übergießen.

Zutaten:
200 g Frühlingswildkräuter
50 g Blüten
2 EL Olivenöl
1 EL Himbeeressig
Kräutersalz

WILDKRÄUTER-BLÜTEN-SALAT MIT TAUBNESSELBLÜTEN

Frühlingswildkräuter und Blüten von Wiesenschaumkraut, Taubnessel, Veilchen, Schlüsselblume, Löwenzahn, Gundermann, Kirschblüten, Gänseblümchen mundgerecht zupfen.

Olivenöl, Himbeeressig und Kräutersalz zu einer Salatsoße verrühren. Diese vorsichtig unter die Kräuter-Blüten-Mischung heben.

Zutaten:
200 g verschiedene Wildkräuter
2 EL kalt gepresstes Olivenöl
1 EL Wiesenessig
Kräutersalz

FRÜHLINGSWILDKRÄUTER-SALAT

Verschiedene Wildkräuter wie Brunnenkresse, Löwenzahn, Scharbockskraut, Labkraut, Schafgarbe, Giersch, Vogelmiere, Sauerampfer, Gundermann, Bärlauch, Spitzwegerich, Frauenmantel, Knoblauchsrauke usw. waschen, trocknen und mischen.

Aus Öl, Wiesenessig und Kräutersalz eine Salatsoße rühren und vorsichtig unter die Wildkräutermischung heben.

Zutaten:
100 g Blüten
2 EL Sonnenblumenöl
1 EL Zitronensaft
Kräutersalz
1/2 TL Blütenhonig

BLÜTENSALAT AUS FRÜHLINGSBLÜTEN

Blüten von Taubnesseln, Gänseblümchen, Veilchen, Schlüsselblume, Wiesenschaumkraut, Löwenzahn, Gundermann und Kirschblüten mundgerecht zupfen und mischen.

Aus Sonnenblumenöl, Zitronensaft, Honig und dem Kräutersalz eine Marinade rühren und vorsichtig über die Blüten gießen.

BEINWELLRÖLLCHEN MIT KRÄUTERQUARK

Zutaten Füllung:
500 g Sahnequark
50 g Kräuter und Blüten
2 Knoblauchzehen
2 EL Sahne
1 1/2 TL Kräutersalz
1/4 TL frischer Pfeffer
3 EL gekeimte Sojabohnen (wenn möglich)

zusätzlich:
16 Beinwellblätter
2 EL Öl/Butter
16 Gänseblümchen

Kräuter und Blüten wie Schafgarbe, Wiesenlabkraut, Vogelmiere, Spitzwegerich, Gänseblümchen, Klee, Knoblauchsrauke, Petersilie, Basilikum usw. fein schneiden oder hacken.

Quark mit Sahne, Gewürzen und Kräutern vermischen und abschmecken.

Die Beinwellblätter einzeln und beidseitig bei mäßiger Hitze kurz im Fett anbraten. Herausnehmen und etwas abkühlen lassen.

Einen Teelöffel der Quarkmasse auf ein Beinwellblatt streichen, einige Sojakeimlinge drauflegen und aufrollen.

Mit Gänseblümchen dekoriert servieren.

Zutaten Salat:
100 g Karotten
100 g Frühlingszwiebeln
100 g Kohlrabi
100 g Wildkräuter

Zutaten Salatsoße:
1 Becher Sauerrahm
1 EL Wiesenessig
1 EL Zitronensaft
1 Knoblauchzehe
1 TL Honigsenf
1 Handvoll Vogelmiere
1/4 TL Kräutersalz
je 1 Prise Pfeffer und Paprika

FRISCHKOST MIT VOGELMIERENSOSSE

Karotten und Kohlrabi raspeln, Frühlingszwiebeln in feine Ringe schneiden und die Wildkräuter mundgerecht zupfen.

Für die Salatsoße Knoblauchzehe und Vogelmiere fein hacken.

Die Zutaten für die Salatsoße vermischen, abschmecken und das vorbereitete Gemüse unterheben. Mit Wildkräutern und Gänseblümchen garnieren.

Zutaten Salat:
1 kleiner Radicchio
1 Pflücksalat
1 Orange
1/2 Avocado
1 Handvoll Walnüsse
1 Handvoll Schlehenblüten

Zutaten Salatsoße:
Saft einer halben Zitrone
2 EL kalt gepresstes Olivenöl
Kräutersalz
frischer Pfeffer

SALAT MIT SCHLEHENBLÜTEN

Radicchio und Pflücksalat klein zupfen. Orange und Avocado schälen und in kleine Stücke oder Scheiben schneiden.

Für die Salatsoße den Zitronensaft mit Öl, Pfeffer und Kräutersalz vermischen, vorsichtig unter die Salate heben.

Den Salat anrichten und mit den grob gehackten Walnusskernen und den Schlehenblüten bestreuen.

KICHERERBSEN-TOMATEN-WIESENSCHAUMKRAUT-SALAT

Zutaten Salat:
250 g Kichererbsen
1 Lorbeerblatt
3 Tomaten
1 Handvoll Blüten und Blätter Wiesenschaumkraut

Zutaten Salatsoße:
2 Knoblauchzehen
1 TL frischer Oregano
1/2 TL Thymian
1/2 TL Kräutersalz
3 EL kalt gepresstes Olivenöl
1 EL Balsamico-Essig
1 EL Wiesenessig
2 EL Zitronensaft

Die getrockneten Kichererbsen über Nacht in Wasser einweichen und nach Anweisung auf der Verpackung und mit einem Lorbeerblatt kochen.

Gehackten Knoblauch, Oregano, Thymian, Kräutersalz, Öl, Essig und Zitronensaft zu einer Salatsoße gut verrühren.

Tomaten klein schneiden und mit der Salatsoße und den abgekühlten Kichererbsen vermischen. Das Wiesenschaumkraut vorsichtig unterheben.

SUPPEN

Zutaten:
2 Handvoll Wildkräuter
1 Zwiebel
1 Karotte
1 Lauchstange
1 Stück Sellerie
1 EL Butter
1 l Gemüsebrühe
1 Lorbeerblatt
1 Becher Sauerrahm
1 TL Kräutersalz
1/4 TL Pfeffer

ENERGIESPENDENDE WILDKRÄUTERSUPPE

Wildkräuter wie Brennnessel, Gänseblümchen, Löwenzahn, Sauerampfer, Hirtentäschel usw. fein schneiden. Zwiebel fein schneiden, Karotte und Sellerie würfeln. Lauch in Ringe schneiden.

Zwiebel in Butter andünsten, Gemüse mit dem Lorbeerblatt dazugeben und mit Gemüsebrühe aufgießen. 10 Minuten kochen lassen und die Wildkräuter dazugeben. Nochmals aufkochen, etwas ziehen lassen und das Lorbeerblatt herausnehmen. Vor dem Servieren mit Sauerrahm und Gewürzen abschmecken.

Zutaten:
100 g Sauerampfer
100 g Brennnessel
1 Zwiebel
1 EL Butter
1 EL Olivenöl
3/4 l Gemüsebrühe
300 g Sahne
1/2 TL Kräutersalz
1/2 TL frischer Pfeffer
evtl. einige Bärlauchblüten

SAUERAMPFERSUPPE

Sauerampfer, Brennnessel und Zwiebel grob schneiden.

Die Zwiebel in Butter-Olivenöl glasig dünsten, Sauerampfer und Brennnessel dazugeben, kurz mitdünsten, bis die Kräuter zusammenfallen. Mit der Gemüsebrühe aufgießen und 10 Minuten köcheln lassen.

Die Suppe pürieren, die Sahne aufschlagen, die Hälfte der Sahne unter die Suppe mischen und mit dem Rest ein Sahnehäubchen auf die Suppe geben. Eventuell mit Bärlauchblüten anrichten.

Zutaten:
4 Handvoll Bärlauch
2 Zwiebeln
1 EL Olivenöl
1 EL Butter
1 l Gemüsebrühe
1 Becher Sauerrahm
1/2 TL Pfeffer
1/2 TL Kräutersalz
1 EL Sahne

BÄRLAUCHSUPPE

Bärlauch und Zwiebeln klein schneiden.

Die Zwiebeln in Butter und Olivenöl glasig dünsten. Bärlauch dazugeben, kurz mitdünsten, mit Gemüsebrühe und Sauerrahm aufgießen. Etwa 10 Minuten köcheln lassen.

Mit Sahne, Pfeffer und Kräutersalz abschmecken und eventuell pürieren.

RADIESCHEN-BRENNNESSEL-SUPPE

Zutaten:
2 Zwiebeln
5 Kartoffeln, mittelgroß
1 l Gemüsebrühe
Blätter von 2 Bund Radieschen
(oder Spinat oder Mangold)
2 Handvoll Brennnessel
frischer Pfeffer
1 TL Kräutersalz
2 EL Butter
100 ml Sahne

Eine Zwiebel würfeln und die gewaschenen Kartoffeln klein schneiden. Gemeinsam in der Gemüsebrühe kochen.

Radieschenblätter und Brennnessel grob zerkleinern und auf die weichen Kartoffeln legen, kurz mitkochen.

Die Suppe pürieren und mit Gewürzen und Sahne pikant abschmecken. Mit der zweiten zerkleinerten und in Butter angebratenen Zwiebel und etwas geschlagener Sahne anrichten.

Zutaten:
2 EL frisch geschnittene Wildkräuter
1 Zweig Liebstöckel
80 g weiche Butter
2 Eier
100 g Dinkel, frisch gemahlen
1 l Gemüsebrühe

nach Wunsch:
3 Karotten
1 Kohlrabi
1 EL Butter
Kräutersalz

DINKELNOCKERL-SUPPE MIT KRÄUTERN

Wildkräuter wie Schafgarbe, Labkraut, Spitzwegerich, Knoblauchsrauke usw. fein schneiden.

Butter schaumig rühren, Eier und Kräuter unterrühren, das Dinkelmehl zuletzt. Etwas quellen lassen. Falls der Teig zu weich ist, noch etwas Dinkelmehl dazugeben.

Probenockerl in die kochende Gemüsebrühe geben. Wenn das Nockerl nicht auseinander fällt, mit einem kleinen Löffel Nockerl abstechen und in die Brühe geben. Oder noch etwas Dinkelmehl unter den Teig rühren und den Vorgang wiederholen. Die Nockerl circa 1/4 Stunde leicht kochen.

Tipp: Auf einem Gemüsebett anrichten. Dazu Karotten und Kohlrabi stifteln und mit etwas Kräutersalz und Butter dünsten.

HAUPTGERICHTE

GRÜNKERNPFLANZERL MIT VOGELMIERENSOSSE

Zutaten Pflanzerl:
150 g Brennnessel
2 Zwiebeln
2 Knoblauchzehen
40 g Butter
500 ml Gemüsebrühe
150 g Grünkernschrot
ca. 100 g Haferflocken
1 TL Kräutersalz
1 TL Honigsenf
1 TL Oregano, frisch oder getrocknet
1/2 TL Majoran
1/2 TL Paprika
1/2 TL Basilikum
Olivenöl/Butter zum Ausbacken

Zutaten Vogelmierensoße:
1 Handvoll Vogelmiere
1 Handvoll Wildkräuter
1 Zwiebel
4 Eier
4 EL kalt gepresstes Olivenöl
200 g Sauerrahm
1 Knoblauchzehe
Saft einer 1/2 Zitrone oder 1 EL Wiesenessig
1 TL Kräutersenf
1/2 TL Honig
1/2 TL Kräutersalz
frischer Pfeffer

Zubereitung Pflanzerl:
Brennnessel fein schneiden, Zwiebeln und Knoblauchzehen hacken.

Zuerst die Zwiebeln mit dem Knoblauch in Butter andünsten, Brennnessel dazugeben, kurz mitdünsten, bis sie zusammenfallen. Gemüsebrühe angießen, Grünkernschrot untermischen und circa 10 Minuten auf kleiner Flamme kochen lassen. Von der Herdplatte wegstellen, Haferflocken (wenn möglich, frisch gequetscht) untermischen und mit den Gewürzen pikant abschmecken.

In einer Pfanne Öl/Butter erhitzen und kleine Pflanzerl circa 5 Minuten beidseitig darin ausbacken.

Zubereitung Vogelmierensoße:
Eier hart kochen. Zwiebel, Vogelmiere und Wildkräuter (wie Labkraut, Schafgarbe, Sauerampfer, Knoblauchsrauke, Wiesenschaumkraut usw.) fein schneiden. Eigelb mit dem Öl und den anderen Zutaten verrühren, mit den Kräutern sowie dem zerdrückten Knoblauch vermischen. Das Eiweiß würfeln und unterheben.

BRENNNESSELSTRUDEL MIT SPARGEL UND KAROTTENSOSSE

Zutaten Strudelteig:
300 g Dinkel, frisch gemahlen
1 TL Kräutersalz
3 EL Olivenöl
2 EL Kräuteressig
1/8 l Wasser, lauwarm

Zutaten Füllung:
500 g junge Brennnessel
30 g junge Frauenmantelblätter
30 g junge Schafgarbenblätter
1 Zwiebel
1 Knoblauchzehe
2 EL Butter
1 TL Kräutersalz
frischer Pfeffer
1 Prise Muskat
2 EL Semmelbrösel
1 EL Butter
200 g Sauerrahm
100 g Sahne
500 g Spargel, gekocht
1 Eigelb
2 EL Sahne

Zutaten Karottensoße:
5 Karotten
100 g Sahne
ca. 100 g Spargelwasser
1 TL Kräutersalz
frischer Pfeffer

Zubereitung Strudelteig:
Alle Zutaten vermischen und so lange kneten, bis ein geschmeidiger Teig entsteht. Den Teig zu einer Kugel formen, in eine Plastiktüte geben und eine halbe Stunde an einem warmen Ort ruhen lassen.

Zubereitung Füllung:
Brennnessel, Frauenmantel- und Schafgarbenblätter fein schneiden. Zwiebel würfeln und Knoblauchzehe hacken.

Die Zwiebel und den Knoblauch in Butter anbraten, Kräuter hinzufügen und kurz mitdünsten. Sauerrahm untermischen, Gewürze und Sahne dazugeben und abschmecken. Von der Herdplatte nehmen.

Zubereitung Strudel:
Den Teig teilen, getrennt ausrollen und auf ein großes Tuch legen. Mit Butter bestreichen, die Semmelbrösel verteilen und mit der Füllung belegen. Spargel darüber verteilen, den belegten Teig mit Hilfe des Tuches aufrollen und vorsichtig in eine gebutterte Auflaufform legen. Mit einer Nadel stupfen und bei 180°C 15 Minuten anbacken, mit Sahne und Eigelb bestreichen und weitere 15 Minuten backen.

Zubereitung Karottensoße:
Karotten klein würfeln. Alle Zutaten zusammen garen und pürieren.

Zutaten:
600 g mehlige Pellkartoffeln
100 g Bärlauchblätter
oder Brennnesselblätter
2 Zwiebeln
50 g Butter
2 Eier
100 - 150 g Weizen,
frisch gemahlen
80 - 100 g Dinkel, frisch gemahlen
2 TL Kräutersalz
1/4 TL Pfeffer, frisch gemahlen
1 Prise Muskatnuss,
frisch gerieben

zusätzlich:
50 g Butter
100 g Parmesan, frisch gerieben

BÄRLAUCH-GNOCCHI

Kartoffeln kochen, Bärlauch- bzw. Brennnesselblätter fein schneiden oder hacken. Zwiebeln fein schneiden. Die Zwiebeln in Butter andünsten, die Kräuter dazugeben, kurz mitdünsten und etwas abkühlen lassen. Anschließend mit den Eiern pürieren.

Die geschälten Kartoffeln durch die Kartoffelpresse drücken. Mit den restlichen Zutaten zu einem Teig verkneten. Falls der Teig klebt, noch etwas Vollkornmehl zugeben und in 5 daumendicke Rollen teilen. Kleine Stücke zu Kugeln formen und mit einer Gabel Rillen drücken.

Portionsweise etwa 4 Minuten im Salzwasser köcheln lassen. Die abgetropften Bärlauch-Gnocchi in zerlassener Butter schwenken und mit Parmesan bestreuen.

Zutaten:
ca. 150 g Wildkräuter
2 Zwiebeln
1 EL Butter
1 EL kalt gepresstes Öl
8 Eier
1 TL Kräutersalz
frischer Pfeffer
2 EL Sahne
2 EL Dinkel oder Weizen, frisch gemahlen

FRÜHLINGSKRÄUTER-EIEROMELETT

Wildkräuter wie Brennnessel, Gänseblümchen, Bärlauch, Löwenzahn, Scharbockskraut, Giersch, Wiesenlabkraut, Taubnessel und Zwiebeln klein schneiden.

Butter und Öl erwärmen, Zwiebeln kurz andünsten, Wildkräuter dazugeben und mitdünsten. Inzwischen die Eier schaumig rühren, das Kräutersalz, Pfeffer, Sahne und Vollkornmehl dazurühren und über die gedünsteten Wildkräuter gießen. Bei mittlerer Hitze anbraten, wenden und auf der zweiten Seite fertig backen.

GRÜNE KNÖDEL MIT WILDKRÄUTERSOSSE

Zutaten Grüne Knödel:
4 Handvoll Wildkräuter
8 altgebackene Kräutervollkornsemmeln
1/8 - 1/4 l Milch oder Sahne-Wasser-Gemisch
4 Eier
1 TL Kräutersalz
1/4 TL frischer Pfeffer

Zutaten Wildkräutersoße:
1 Handvoll Wildkräuter
1 große Zwiebel
1 Knoblauchzehe
1 EL Butter
1 EL Olivenöl, kalt gepresst
3 EL Vollkornmehl, frisch gemahlen
1/4 l Wasser
1/4 l Sahne
1 TL Gemüsebrühe
1 kleines Lorbeerblatt
1 TL Kräutersalz
1/4 TL frischer Pfeffer
1 Prise Muskat, frisch gerieben

Zubereitung Grüne Knödel:
Altgebackene Kräutervollkornsemmeln (am besten selbst gebacken) klein schneiden und Wildkräuter wie Brennnessel, Wiesenlabkraut, Vogelmiere, Löwenzahn, Schafgarbe, Wegerich usw. fein schneiden.

Kräuter, Salz und Pfeffer mit der warmen Flüssigkeit pürieren und die geschnittenen Vollkornsemmeln damit übergießen, ziehen lassen und danach durchkneten. Die Eier so lange unterkneten, bis ein sämiger Knödelteig entsteht. Kleine Knödel formen und in Salzwasser circa 10 Minuten köcheln lassen. Herausnehmen und mit Wildkräutersoße servieren.

Zubereitung Wildkräutersoße:
Wildkräuter wie Brennnessel, Löwenzahn usw. und Zwiebel fein schneiden, den Knoblauch fein hacken.

Das Vollkornmehl in einer trockenen Pfanne kurz rösten. Dadurch entwickelt es seinen besonderen Duft.

Die Zwiebel in einem Gemisch aus Butter und Öl andünsten, Wildkräuter dazugeben und weich dünsten. Inzwischen das Vollkornmehl mit dem Wasser vermischen und unter die Soße rühren. Alle restlichen Zutaten zugeben, kurz kochen lassen und abschmecken.

Zutaten Wildkräuterspinat:
200 g Wildkräuter
2 Zwiebeln
1 EL Butter
1 EL Olivenöl, kalt gepresst
1 Becher Sauerrahm
1 EL Dinkel, frisch gemahlen
2 Knoblauchzehen
1 TL Kräutersalz
1/4 TL frischer Pfeffer
1 MS Muskat, frisch gemahlen

Zutaten Omelett:
4 Eier, getrennt
40 ml Sahne
40 ml Wasser
150 g Dinkel, frisch gemahlen
1 TL Kräutersalz
1 Prise Muskat

zusätzlich:
Butter und Olivenöl (zum Ausbacken)
4 Scheiben Käse (nach Geschmack) oder Mozzarella

DINKELOMELETT MIT WILDKRÄUTERSPINAT

Zubereitung Wildkräuterspinat:
Klein gehackte Zwiebeln in Butter/Öl glasig anbraten, Wildkräuter wie Brennnessel, Giersch und Bärlauch klein schneiden, dazugeben und unter Rühren mitdünsten. Den Sauerrahm aufgießen und alles circa 10 Minuten köcheln lassen. Anschließend Vollkornmehl einstreuen und unter Rühren Soße damit binden. Den Spinat mit dem fein gehackten Knoblauch und den Gewürzen abschmecken und von der Herdplatte nehmen.

Zubereitung Omelett:
Eigelb mit Sahne-Wasser-Gemisch verrühren, Kräutersalz sowie Muskat zugeben; das Dinkelmehl mit dem steif geschlagenen Eiweiß vorsichtig unterheben. Einige Minuten quellen lassen.

In einer Pfanne Butter und Öl erhitzen, ein Viertel der Eiermasse in die Pfanne gießen, kurz stocken lassen und dann wenden. Auf die Hälfte des Omeletts ein Viertel des Spinats verteilen und darauf jeweils eine Scheibe Käse geben. Das Omelett falten.

Sofort serviert schmecken die Omeletts am leckersten.

HOPFENSPROSSEN-DINKELQUICHE

Zutaten Mürbteig:

200 g Dinkel, frisch gemahlen
100 g Butter
1 TL Kräutersalz
5 - 7 EL Wasser

Zutaten Füllung:

120 g junge Hopfensprossen
1 große Zwiebel
1 EL kalt gepresstes Olivenöl
50 - 100 ml Gemüsebrühe
3 Eier
200 g Sahne
1/2 TL Kräutersalz
1/4 TL frischer Pfeffer
150 g Kräuterkäse oder Gouda

Zutaten für Mürbteig zusammenkneten und kühl stellen.

Inzwischen für die Füllung die Zwiebel klein schneiden, in Öl andünsten, mit Brühe aufgießen, Sprossen dazugeben, circa 5 Minuten köcheln und abkühlen lassen.

Die Eier mit der Sahne und den Gewürzen vermischen, die Hälfte des geriebenen Käses dazugeben und verrühren.

Mürbteig in der Form verteilen, mit der Gabel mehrmals einstechen; die Sprossenmasse darauf verteilen und mit der Eier-Sahne-Mischung übergießen. Den restlichen Käse darauf verteilen und im Ofenrohr bei 180°C circa 20 Minuten backen.

Zutaten:
400 g Käse am Stück
(z.B. Emmentaler)
12 Beinwellblätter
2 EL Weizen, frisch gemahlen
3 Eier
3 EL Semmelbrösel
(aus alten Vollkornsemmeln)
2 EL Sesam
50 g Butter
50 ml Olivenöl

KÄSESCHNITZEL IN BEINWELL GEWICKELT

Käse „fingerdick" schneiden, Eier verquirlen, Semmelbrösel mit Sesam mischen.

Die Käsestücke mit je einem Beinwellblatt umwickeln. Den umwickelten Käse zuerst in Vollkornmehl, dann in den Eiern und zuletzt in der Semmelbrösel-Sesam-Mischung wenden. Im Öl-Butter-Gemisch ausbacken.

KRÄUTERPFLANZERL MIT SAUERRAHMSOSSE

Zutaten Kräuterpflanzerl:
4 Handvoll Wildkräuter
evtl. 1 Zweiglein Liebstöckel
4 Zwiebeln
1 EL Butter
6 altgebackene Kräutervollkornsemmeln
ca. 1/4 l Milch oder Sahne-Wasser-Gemisch
3 Eier
150 g geriebener Käse
1 TL Kräutersalz
1/4 TL frischer Pfeffer

Zum Ausbacken:
Butter und Olivenöl

Zutaten Sauerrahmsoße:
1 EL frische Wildkräuter
1 EL Petersilie
1 EL Schnittlauch
1 Becher Sauerrahm
1/2 TL Kräutersalz
1 EL Zitronensaft
1/4 TL frischer Pfeffer
1 Zehe Knoblauch

Zubereitung Kräuterpflanzerl:
Wildkräuter wie Löwenzahn, Vogelmiere, Wiesenlabkraut, Brennnessel, Bärlauch, Frauenmantel, Gänseblümchen usw. fein schneiden. Vollkornsemmeln klein schneiden, Zwiebeln fein hacken.

Die Vollkornsemmeln mit warmer Flüssigkeit übergießen, ziehen lassen. Zwiebeln und Kräuter in Butter andünsten, unter die Semmelmasse mischen und auskühlen lassen.

Käse, Gewürze und Eier unterkneten, gut durchmischen und kleine, flache Pflanzerl formen. Diese in einem Gemisch aus Öl und Butter ausbacken.

Zubereitung Sauerrahmsoße:
Wildkräuter, Petersilie, Schnittlauch und Knoblauch fein hacken. Den Sauerrahm mit den Kräutern mischen, mit den Gewürzen und Knoblauch abschmecken.

FRÜHKARTOFFELN MIT KRÄUTERQUARK

Zutaten Kräuterquark:
1 Handvoll Kräuter
1 Knoblauchzehe
250 g Sahnequark
1/2 Becher Sauerrahm
1/2 TL Kräutersalz

Zusätzlich:
einige essbare Blüten
wie Borretsch, Rucola
oder Gänseblümchen
1 kg Frühkartoffeln

Knoblauch klein hacken, Wildkräuter wie Schafgarbe, Spitzwegerich, Labkraut, Spitzwegerich, Vogelmiere, Basilikum, Rucola, Borretsch, Hirtentäschel usw. fein schneiden.

Zutaten für den Kräuterquark vermischen und mit Blüten dekorieren. Zu den gekochten Frühkartoffeln reichen.

Zutaten Teig:
200 g Dinkel, frisch gemahlen
100 g Butter
1 1/2 TL Kräutersalz
7 EL Wasser

Zutaten Fülle:
180 g Wildkräuter
1/2 Stange Lauch
100 g Pilze
50 g Butter
3 Eier
1/4 l Sahne
1 Prise frischer Pfeffer
1 TL Kräutersalz
125 g Käse, gerieben

QUICHE MIT WILDKRÄUTERN UND PILZEN

Vollkornmehl, Butter, Salz und Wasser zu einem Mürbteig verkneten. 2 Stunden kühl ruhen lassen.

Wildkräuter wie Brennnessel, Beinwell, Giersch, Spitzwegerichsamen, Bärlauch sowie Lauch und Pilze fein schneiden.

Mit dem Mürbteig die gebutterte Form auslegen. Den Teigboden mehrmals mit einer Gabel einstechen.

Lauch, Pilze und die Wildkräuter in Butter andünsten, etwas abkühlen lassen und auf dem Teig verteilen. Die Eier mit der Sahne und den Gewürzen verquirlen, den Käse unterheben. Diese Masse über den Lauch und die Kräuter geben. Die Quiche 30 Minuten bei 190°C backen.

PIZZA MIT WILDKRÄUTERN UND PILZEN

Zutaten Hefeteig:
500 g Dinkel, frisch gemahlen
1 Würfel Hefe
1/4 l Sahne-Wasser-Gemisch
1 1/2 TL Kräutersalz
4 EL Olivenöl

Zutaten Kräuterbelag:
300 - 400 g Kräuter
3 Tomaten
1 rote Paprikaschote
2 Zwiebeln
150 g Pilze
2 Knoblauchzehen
1 Becher Sauerrahm
1 TL Kräutersalz
1/4 TL Pfeffer
1 TL Oregano, frisch
1 TL Basilikum, frisch
1/2 TL Thymian, frisch
150 g geriebener Käse

zusätzlich:
Olivenöl
200 g pürierte Tomaten

Hefe in Sahne-Wasser-Gemisch auflösen, Salz und Öl dazugeben. Zuletzt das Vollkornmehl unterrühren. Gut verkneten, bis ein lockerer Hefeteig entsteht. Etwa 20 Minuten ruhen lassen.

Inzwischen den Kräuterbelag zubereiten: Kräuter wie Brennnessel, Löwenzahn, Bärlauch, Vogelmiere, Giersch und Tomaten klein schneiden, Paprika und Zwiebeln würfeln, Pilze in Scheiben schneiden und Knoblauch klein hacken.

Zuerst die Zwiebeln im Öl anbraten, den Knoblauch und die Kräuter dazugeben und mitdünsten. Paprika und Tomaten untermischen; alles mit Sauerrahm verrühren, die Gewürze dazugeben. 5 Minuten bei geringer Hitze köcheln lassen, abschmecken und vom Herd nehmen.

Ein Blech mit Olivenöl einfetten, den Hefeteig ausrollen und mit etwas Olivenöl beträufeln. Die pürierten Tomaten auf den Teig streichen und darauf den Kräuterbelag geben. Den Käse darauf verteilen und mit den Pilzen belegen. Im Ofenrohr bei 190°C circa 25 Minuten backen.

Zutaten Bärlauch-Pesto:
80 g junge Bärlauchblätter
2 Knoblauchzehen
100 g Walnüsse
ca. 150 ml Olivenöl
1/2 TL Kräutersalz
1/4 TL frisch gemahlener Pfeffer

weitere Zutaten:
100 g Käse, gerieben
500 g Vollkorn-Spagetti

SPAGETTI MIT BÄRLAUCHPESTO

Walnüsse grob zerkleinern, Bärlauchblätter fein schneiden.

Die Walnüsse mit dem Bärlauch und Knoblauch mixen und mit dem kaltgepressten Olivenöl verrühren. Mit Kräutersalz und Pfeffer abschmecken.

Die Spagetti in Salzwasser bissfest garen; mit dem Pesto und dem geriebenen Käse servieren.

Zutaten:
ca. 15 Stängel Taubnessel
2 Eier
100 g Dinkel, frisch gemahlen
1/2 TL Kräutersalz
1/8 - 1/4 l Sahne-Wasser-Gemisch
Butter
kalt gepresstes Olivenöl

TAUBNESSEL IM AUSBACKTEIG

Eier, Vollkornmehl und Kräutersalz vermischen und so viel Flüssigkeit dazugeben, bis ein zähflüssiger Teig entsteht.

Die gesäuberten Taubnesseln durch den Teig ziehen und in Öl-Butter ausbacken.

Sofort servieren.

WILDES WOK-GEMÜSE

Zutaten:
100 g Wildkräuter
500 g Weißkraut
200 g Pilze
200 g Karotten
1 Zwiebel
1 Knoblauchzehe
100 g Kamut (oder Reis)
1 TL Kräutersalz
1/2 TL frischer Pfeffer
1 - 2 TL Sojasoße
oder 1 TL Curry
1 Prise Muskat, frisch gerieben
2 EL Sonnenblumenöl
1 EL Butter
50 g Käse, gerieben

Dekoration:
20 g Blüten: Klee, Löwenzahn, Gänseblümchen, Bärlauch

Weißkraut fein schneiden, Pilze in Scheiben schneiden. Kräuter wie Spitzwegerichblätter plus Samen, Schafgarbe, Brennnessel, Labkraut, Beinwell, Bärlauch, Frauenmantel usw. klein schneiden. Karotten stifteln, Zwiebel und Knoblauch hacken.

Den Kamut einige Stunden einweichen und circa 30 Minuten kochen. Die Zwiebel im Wok kurz in Öl-Butter glasig andünsten, die Pilze mitdünsten, die Kräuter dazugeben und unter ständigem Mischen andünsten.

Nacheinander das Kraut, die Karotten, Knoblauch und den weichen Kamut dazugeben. Mit zwei Holzlöffeln von außen nach innen stetig mischen. So lange dünsten, bis das Gemüse gar ist. Es soll noch Biss haben.

Mit den Gewürzen abschmecken und zuletzt den Käse und die Wildblüten drüberstreuen.

AUFLÄUFE

GEFÜLLTE BEINWELLBLÄTTER IN TOMATENSOSSE

Zutaten
Gefüllte Beinwellblätter:
20 mittlere Beinwellblätter
2 Zwiebeln
1 Knoblauchzehe
200 g frische Wildkräuter
40 g Butter
400 ml Gemüsebrühe
150 g Grünkernschrot
60 g Haferflocken
(am besten frisch geflockt)
1 TL Kräutersalz
1 - 2 TL Honigsenf
1/4 TL Paprikapulver
1/4 TL frischer Pfeffer

Zutaten Tomatensoße:
1 Zwiebel
300 g frische Tomaten
(oder passierte)
1 EL Olivenöl
1 EL Tomatenmark
150 ml Sahne
1 TL Kräutersalz
1/4 TL Pfeffer
100 g Käse, gerieben

Zubereitung Füllung:
Die Zwiebeln fein schneiden, Knoblauch und Wildkräuter wie Giersch, Brennnessel, wenig Gundermann, Vogelmiere, Schafgarbe, Petersilie, Liebstöckel, Oregano, Basilikum, Knoblauchsrauke usw. klein hacken.

Zwiebel und Knoblauch in Butter andünsten und mit Brühe aufgießen. Den Grünkernschrot und die Kräuter dazugeben, 10 Minuten köcheln und dann quellen lassen. Haferflocken und Gewürze untermischen und herzhaft abschmecken.

Zubereitung Gefüllte Beinwellblätter:
Frische Blätter kurz durch heißes Wasser ziehen. Die Füllung auf dem Blatt verteilen und aufrollen.

Zubereitung Tomatensoße:
Zwiebel und Tomaten klein schneiden. Die Zwiebel kurz in Olivenöl anbraten, die Tomaten und das Tomatenmark dazugeben. 5 Minuten köcheln lassen. Mit der Sahne aufgießen, würzen und abschmecken.

Soße und Beinwellrouladen in eine Auflaufform geben und den Käse darüber streuen. Bei 200°C etwa 45 Minuten backen.

Tipp: Dazu schmeckt Basmati-Reis oder Kräuterreis.

BRENNNESSEL-ERBSEN-AUFLAUF

Zutaten:
200 g getrocknete Erbsen
200 g Brennnessel
300 g Zucchini
1 Zwiebel
1 Knoblauchzehe
1 EL Butter
1 EL Olivenöl
100 g Sauerrahm
3 Eier, getrennt
150 g Sahne
1 TL Kräutersalz
1/4 TL frischer Pfeffer
100 g Käse, fein gerieben
1 EL Butter für die Auflaufform

Die Erbsen über Nacht einweichen und circa 40 Minuten kochen. Brennnessel fein schneiden, Zucchini würfeln, Zwiebel und Knoblauch fein hacken.

Die Zwiebel in Butter-Öl-Gemisch glasig andünsten, Brennnessel dazugeben, mitdünsten, bis sie zusammenfallen. Zucchini, Knoblauch und die abgetropften Erbsen unterrühren und weitere 10 Minuten dünsten, bis alles weich geworden ist. Mit Sauerrahm, Kräutersalz und Pfeffer abschmecken.

Das Eigelb mit der Sahne verschlagen und würzen. Das steif geschlagene Eiweiß und den Käse unterheben und alles mit der abgekühlten Auflaufmasse vermischen. In eine gebutterte Auflaufform geben und circa 45 Minuten bei 190°C backen.

BRENNNESSELSPÄTZLE-AUFLAUF

Zutaten Füllung:

200 g Lauch
200 - 300 g Brennnessel
400 g Karotten
2 EL Butter
1/2 Tasse Gemüsebrühe
1/2 TL Kräutersalz
1/4 TL frischer Pfeffer
1 Prise Paprikapulver
150 g Käse, gerieben

Spätzle: siehe Rezept Bärlauchspätzle (Seite 133)

Lauch und Brennnessel klein schneiden. Karotten würfeln. Gemüse und Wildkräuter in der Butter andünsten, mit Gemüsebrühe aufgießen und würzen.

Einige Minuten köcheln lassen und abschmecken. In eine gebutterte Auflaufform lagenweise Spätzle, Gemüse und Käse schichten, mit Käse beenden. Im Backofen bei 175°C 30 Minuten backen.

BUTTERNOCKERL MIT GIERSCHSPINAT

Zutaten Nockerl:
1 Handvoll Wildkräuter
3 Eier, getrennt
50 g zerlassene Butter
1 TL Kräutersalz
1/4 l Sahne-Wasser-Gemisch
300 g Dinkel, fein gemahlen

Zutaten Wildkräuter-Spinat:
400 g Giersch und Brennnessel
2 Zwiebeln
2 Knoblauchzehen
50 g Butter
1 Becher Sauerrahm
1 TL Kräutersalz
1 Prise Muskat
frischer Pfeffer
100 g Käse, gerieben

Zubereitung Nockerlteig:
Eigelb, Butter, Kräutersalz und Sahne-Wasser-Gemisch verrühren, das steif geschlagene Eiweiß, das Vollkornmehl und die fein gehackten Wildkräuter unter die Masse heben.

Zubereitung Wildkräuter-Spinat:
Zwiebeln klein schneiden, Wildkräuter und Knoblauch fein hacken. Zwiebeln in Butter anbraten, Kräuter dazugeben, kurz dünsten, mit dem Sauerrahm aufgießen, Knoblauch beifügen und abschmecken.

Zubereitung Nockerl:
Nockerl formen und in kochendes Salzwasser legen, circa 10 Minuten leicht köcheln lassen, herausnehmen, abtropfen lassen und in eine gebutterte Auflaufform schichten. Den Wildkräuter-Spinat darübergeben und mit Käse bestreuen. Im Rohr etwa 20 Minuten bei 180°C backen.

Zutaten:
100 g Wildkräuter
1 Zwiebel
1 Paprikaschote
2 Karotten
100 g Lauch
1 EL Butter
200 g Hirse
500 ml Gemüsebrühe
100 g Erbsen
100 g Sahne
150 g Käse, gerieben
etwas Vogelmiere, Sauerampfer
1 TL Kräutersalz
1 Prise frischer Pfeffer
Mungbohnensprossen
1 EL Butter für die Form

FARBENFROHER WILDKRÄUTER-HIRSE-AUFLAUF

Wildkräuter (Giersch, Brennnessel und Löwenzahn) fein hacken. Zwiebel, Paprika und Karotten würfeln, Lauch fein schneiden. Zwiebel in Butter glasig andünsten. Die gewaschene Hirse mit der Brühe zur Zwiebel geben, etwas kochen lassen und mit Wildkräutern, Lauch, Karotten und Paprikaschote vermischen. Nach 30 Minuten Kochzeit die Erbsen unterheben.

Sahne mit 70 g Käse, gehackten Kräutern und Gewürzen verrühren und unter die Hirsemasse mischen. Mit dieser Masse eine gebutterte Auflaufform füllen und den restlichen Käse darüber streuen. Im Rohr 25 bis 30 Minuten bei 190°C backen. Vor dem Servieren mit Mungbohnensprossen bestreuen.

Tipp: Dazu schmeckt ein Wildkräutersalat.

LASAGNE MIT WILDGEMÜSE (FÜR 4 BIS 6 PERSONEN)

Zutaten Nudelteig:
200 g Weizen, frisch gemahlen
180 g Dinkel, frisch gemahlen
1 1/4 TL Kräutersalz
2 Bio-Eier
4 EL Olivenöl, kalt gepresst
ca. 12 EL Wasser
(je nach Ei-Größe)

Zutaten Tomatensoße:
3 Zwiebeln
1 EL Butter
500 g Tomaten
2 EL Tomatenmark
1/2 TL Kräutersalz
1 TL Honig
1 TL Oregano
1 TL Basilikum
1/2 TL Thymian

Zutaten Wildgemüse:
700 g Wildkräuter
1 Stange Lauch
2 Zwiebeln
2 EL Olivenöl
2 Knoblauchzehen
1 Becher Sauerrahm
1 1/2 TL Kräutersalz

Zutaten Bechamelsoße:
130 g Dinkel, frisch gemahlen
ca. 500 ml Milch
100 g Butter
1/2 TL frischer Pfeffer
1 TL Kräutersalz
1 Prise Muskat

zusätzlich:
150 g Käse, geraspelt
125 g Mozzarellakäse
Olivenöl

Zubereitung Nudelteig:
Das Vollkornmehl mit Kräutersalz, Eiern und Öl vermischen. Beim darauf folgenden Kneten so viel Wasser dazugeben, bis ein feiner Nudelteig entsteht. Besonders glänzend und weich wird der Teig, wenn er einige Minuten auf die Arbeitsplatte geschlagen wird und anschließend circa 30 Minuten warm zugedeckt ruht.

Zubereitung Tomatensoße:
Die Zwiebeln fein schneiden und in Butter glasig andünsten. Die pürierten Tomaten und das Tomatenmark dazugeben und kurz köcheln lassen. Mit Kräutersalz, Honig, Oregano, Basilikum und Thymian abschmecken.

Zubereitung Wildgemüse:
Lauch und Zwiebeln fein schneiden. Beides in etwas Olivenöl andünsten, das kleingeschnittene Wildgemüse mitdünsten, bis es zusammenfällt. Den Sauerrahm einrühren und mit Kräutersalz köcheln lassen. Mit dem fein gehackten Knoblauch abschmecken.

Zubereitung Bechamelsoße:
In der geschmolzenen Butter das Vollkornmehl goldgelb rühren. Nach und nach die Milch dazugießen, weiterrühren und durchkochen, bis eine dickflüssige Bechamelsoße entsteht. Mit Pfeffer, Kräutersalz und Muskat würzig abschmecken.

Zubereitung Wildkräuter-Lasagne:
Den Nudelteig vierteln und jedes Teigstück dünn ausrollen. In eine gefettete Form etwas Bechamelsoße geben und eine Schicht Lasagne-Nudeln darauf ausbreiten. Lagenweise Wildgemüse, Nudeln, etwas Bechamelsoße, Tomatensoße und so weiter einschichten.

Zum Abschluss die ganze Lasagne mit Reibekäse bestreuen und die Mozzarella-Scheiben darauf verteilen. Bei 190°C circa 40 Minuten backen.

BEILAGEN

Zutaten:
1 kg Frühkartoffeln
1 Zwiebel
3 Essiggurken
1/8 l Gemüsebrühe
2 EL Kräuteressig
3 EL Sonnenblumenöl, kalt gepresst
1/2 TL Kräutersalz
1/4 TL frischer Pfeffer
1 Handvoll Brunnenkresse (einen Teil ganz lassen)

KARTOFFELSALAT MIT BRUNNENKRESSE

Kartoffeln kochen, schälen und in Scheiben schneiden. Zwiebel fein hacken, Essiggurken in kleine Würfel schneiden.

Alle Zutaten außer der Brunnenkresse vermischen, abschmecken und zuletzt die klein gezupfte Brunnenkresse unterheben. Mit den ganzen Blättern anrichten.

Zutaten:
1 kg Frühkartoffeln
2 Zwiebeln
1 Handvoll Löwenzahnblätter
2 gekochte Eier
1/8 l Gemüsebrühe
1/2 TL Kräutersalz
1/4 TL frischer Pfeffer
1 EL Butter
1 EL Olivenöl
1 Handvoll Löwenzahnknospen

KARTOFFELSALAT MIT LÖWENZAHNKNOSPEN

Frühkartoffeln kochen, schälen und in Scheiben schneiden. Zwiebeln fein hacken und Löwenzahnblätter fein schneiden.

Die Kartoffeln mit den Löwenzahnblättern, einem gewürfelten Ei, der Gemüsebrühe und den Gewürzen mischen und abschmecken.

Die Zwiebeln anbraten, die Blütenknospen dazugeben, kurz mitbraten, bis sie weich geworden sind, und noch warm über den Kartoffelsalat geben. Das zweite Ei vierteln und damit dekorieren.

Zutaten:
800 g Frühkartoffeln
150 g Wildkräuter
2 EL Sauerampfer-blütenknospen
1 Zwiebel
2 Knoblauchzehen
2 EL Butter
1 Becher Sauerrahm
1/2 TL Kräutersalz
etwas Muskat, frisch gerieben
1/4 TL frischer Pfeffer

BRATKARTOFFELN MIT SAUER-AMPFERBLÜTENKNOSPEN

Kartoffeln kochen, schälen und in Scheiben schneiden. Sauerampferblütenknospen in etwas Butter anbraten. Zwiebel und Knoblauch fein hacken.

Zwiebel etwas anbraten, Kartoffeln dazugeben und hellbraun anbraten, Wildkräuter wie Brennnessel, Vogelmiere, Löwenzahn usw. und den Knoblauch drübergeben. Wenn die Wildkräuter zusammengefallen sind, den Sauerrahm dazugeben, vermischen und mit den Gewürzen abschmecken.

Beim Servieren die Sauerampferblütenknospen drüberstreuen.

Tipp: Mit einigen Schnittlauchblüten dekorieren.

Zutaten:

100 g Bärlauch
300 g Dinkel, frisch gemahlen
3 Eier
1 1/2 TL Kräutersalz
ca. 180 ml Wasser

BÄRLAUCHSPÄTZLE

Bärlauch fein schneiden oder pürieren.

Vollkornmehl, Eier, Kräutersalz und Bärlauch vermischen und langsam so viel Flüssigkeit dazugeben, bis ein lockerer Spätzleteig entsteht; quellen lassen.

Den Teig durch eine Spätzlereibe portionsweise in das kochende Salzwasser geben. Wenn die Spätzle aufsteigen, diese sofort mit einem Schaumlöffel herausheben. Kurz kalt abbrausen und abtropfen lassen.

Tipp: In zerlassener Butter schwenken.

Zutaten:
3 EL Wildkräuter
2 große Kohlrabi
50 g Butter
1/8 l Gemüsebrühe
2 EL Vollkornmehl, frisch gemahlen
3 EL Sahne
1/2 TL Kräutersalz
1/4 TL frischer Pfeffer
1 Prise Muskat, frisch gerieben

KOHLRABI-WILDKRÄUTER-GEMÜSE

Wildkräuter wie Vogelmiere, Wegerich, Giersch, Gundermann usw. fein schneiden, geschälten Kohlrabi würfeln.

Kohlrabi kurz in Butter andünsten, mit Gemüsebrühe aufgießen und circa 5 bis 10 Minuten köcheln lassen. Das Vollkornmehl mit einem Esslöffel Wasser verrühren, untermischen und aufkochen lassen. Die Sahne mit den Kräutern pürieren, zum Kohlrabi geben und abschmecken.

Zutaten:
Einige Scheiben Vollkornbrot
(siehe Rezept Seite 164)
1 Handvoll Gänseblümchen
50 g Kräuterbutter
(siehe Rezept Seite 176)

VOLLKORNBROT MIT GÄNSEBLÜMCHEN

Die Vollkornbrotscheiben mit Kräuterbutter bestreichen und mit den Gänseblümchen belegen.

Tipp: Statt Gänseblümchen kann man auch Schnittlauch verwenden.

Zutaten:
150 g Wildkräuter
evtl. Radieschenkraut
1 kg Frühkartoffeln
1/4 l Sahne
1 1/2 TL Kräutersalz
50 g Butter

GRÜNE STAMPFKARTOFFELN

Kartoffeln kochen und schälen. Wildkräuter wie Brennnessel, Beinwell, Giersch usw. und Radieschenkraut klein schneiden oder pürieren.

Wildkräuter mit der Sahne verrühren und erhitzen. Mit Butter und Kräutersalz unter die zerstampften Kartoffeln mischen.

DESSERTS

Zutaten:
10 g Duftveilchen
2 EL Honig
1 Banane
1 Apfel
1 Becher Sahne
1 EL Veilchenlikör (vom Vorjahr)

ÖSTERLICHES VEILCHENEIS

Die Veilchen mit dem Honig pürieren, Banane und Apfel dazu, weiter pürieren, bis eine feine Masse entsteht.

Die Masse mit der Sahne und dem Likör (nur für Erwachsene) gut vermischen, in die vorbereitete Eismaschine gießen und eine Stunde zu Eis rühren lassen.

Bei Zubereitung ohne Eismaschine muss die Sahne steif geschlagen und unter die Veilchenmasse gerührt werden. Jetzt in Gefrierbehälter füllen und tiefkühlen.

Zutaten:
8 Holunderblütendolden
1 Ei
2 TL Honig
1/4 l Sahne-Wasser-Gemisch
3 EL Rum
2 TL Sonnenblumenöl
150 - 200 g Dinkel, frisch gemahlen
1 TL Backpulver
Öl-Butter-Gemisch (zum Ausbacken)

HOLUNDERBLÜTEN IM AUSBACKTEIG

Ei, Honig, Flüssigkeit, Öl und Rum schaumig rühren. Das Backpulver gut mit dem Vollkornmehl vermischen und nach und nach dazugeben, bis ein dünnflüssiger Teig entsteht.

Den Teig circa 1 Stunde ruhen lassen und vorm Ausbacken nochmals gut durchrühren.

Die Holunderblüten in den Teig tauchen und im Öl-Butter-Gemisch ausbacken.

GUNDERMANN-KIRSCH-TIRAMISU (FÜR 6 BIS 8 PERSONEN)

Zutaten Biskuit:
2 Eier
2 EL kaltes Wasser
100 g Honig
1 Prise Vanille
100 g Dinkel, frisch gemahlen
1 TL Backpulver

Zutaten Belag:
1 Glas Wildkirschen
(oder frische Wildkirschen
und 500 ml Wildkirschensaft)
2 TL Agar-Agar
(oder Reismehl)
4 EL Honig
1 MS Vanille
500 g Sahnequark
1 EL weißer Rum
Saft von 2 Limetten
oder Zitronen
2 Becher Schlagsahne
50 ml Kokosmilch
3 EL Wilde-Kirschen-Likör
geröstete Kokosflocken

zusätzlich:
15 Gundermannblätter
50 g Butter
1 1/4 EL Kakao, gesiebt
1 1/2 EL Honig
1 MS Vanille

Zubereitung Biskuit:
Die ganzen Eier mit dem Wasser zu einer dicken Creme schlagen, den Honig und die Vanille dazugeben. Weiterschlagen, bis eine flockige Masse entsteht. Vollkornmehl mit dem Backpulver gut vermischen und vorsichtig mit einem Schneebesen unterheben. Den Teig in eine nur am Boden gefettete Glasform füllen und 14 bis 16 Minuten bei 190°C backen, dann abkühlen lassen.

Zubereitung Belag:
Inzwischen den Saft der Kirschen mit Agar-Agar eindicken (siehe Verpackung). Kirschen, Honig und Vanille einrühren und kühl stellen. Den Quark mit dem Rum, 1 Esslöffel Honig und dem Limettensaft vermengen und die steif geschlagene Sahne unterheben. Die erwärmte Kokosmilch mit Honig und Kirschlikör mischen.

Die Kokosmilch über das ausgekühlte Biskuit gießen. Darüber die Quark- und Kirschmasse lagenweise auftragen. Kokosflocken rösten und über das Tiramisu streuen, mit Sahnetupfer und Gundermann in Schokolade garnieren. Kühl stellen.

Zubereitung Gundermann in Schokolade:
Butter vorsichtig schmelzen, eventuell im Wasserbad. Die wieder leicht abgekühlte Butter, den gesiebten Kakao, Honig und das Vanillepulver miteinander vermischen. Die Gundermannblättchen in die Schokolade tauchen und auf einem Butterbrotpapier erkalten lassen.

HEIDELBEER-DINKELKÜCHERL

Für 10 kleine Pfannküchlein:
20 g Butter, sehr weich
1 EL Blütenhonig
1 Bio-Ei
90 ml Sahne-Wasser-Gemisch
(2/3 Wasser, 1/3 Sahne)
50 g Dinkel, frisch gemahlen
20 g Buchweizen, frisch gemahlen
1 TL Weinstein-Backpulver
150 g Heidelbeeren
Butter und Öl zum Ausbacken
2 EL Löwenzahnblütenhonig

Butter, Honig, Ei, Flüssigkeit und zuletzt das mit Backpulver gemischte Mehl zu einem lockeren Pfannkuchenteig verrühren. Einige Minuten quellen lassen.

Die Heidelbeeren vorsichtig unter den Teig heben.

In einer leicht gefetteten Pfanne (halb Butter, halb Öl) kleine Dinkelkücherl beidseitig goldgelb ausbacken. Auf einem Teller anrichten und mit Löwenzahnblütenhonig beträufeln.

Tipp: Nach Belieben mit Zimt verfeinern.

Zutaten:
100 g Hirse
1/4 l Wasser
250 g Sahnequark
1 Zitrone
Schale einer Zitrone
2 TL Akazienhonig
1 Prise Vanille
1 Becher Sahne
250 g wilde Erdbeeren

ERDBEER-HIRSE-NACHSPEISE

Die gewaschene Hirse im Wasser 10 Minuten kochen. Herdplatte abschalten und die Hirse noch zugedeckt quellen und auskühlen lassen.

Quark mit Honig, Zitronensaft und -schale und Vanille vermischen, die ausgekühlte Hirse einrühren und zuletzt die geschlagene Sahne unterheben.

Die wilden Erdbeeren unter die Hirsemasse heben oder getrennt in einem Glas schichtweise anrichten.

Der Fantasie sind keine Grenzen gesetzt!

Zutaten Strudelteig:
300 g Dinkel, frisch gemahlen
1 MS Vollmeersalz
3 EL zerlassene Butter
2 EL Himbeeressig oder Obstessig
125 ml lauwarmes Wasser

Zutaten Füllung:
150 g weiche Butter
50 g Blütenhonig
5 Eier, getrennt
1/2 Zitrone, Schale und Saft
1 MS Vanille
2 EL Dinkel, frisch gemahlen
400 g Brombeeren
400 g Heidelbeeren

Zusätzlich:
2 EL Honig
1 Becher Sahne
1 EL Butter
50 g Dinkel, frisch gemahlen
Butter zum Bestreichen

WILDFRÜCHTE-STRUDEL (4 BIS 6 PERSONEN)

Zubereitung Strudelteig:
Alle Zutaten für den Strudelteig vermischen und so lange kneten, bis ein glänzender, weicher Teig entsteht. Teig zugedeckt circa 1 Stunde ruhen lassen.

Zubereitung Füllung:
Die Butter mit dem Honig und dem Eigelb schaumig rühren. Das steif geschlagene Eiweiß mit Zitrone, Vanille und dem Vollkornmehl vorsichtig untermischen.

Zubereitung Strudel:
In eine Auflaufform die Butter, Honig und Sahne geben und schmelzen lassen. Auf ein Küchentuch Dinkelmehl sieben. Die Hälfte des Teiges ausrollen, mit zerlassener Butter bestreichen. Die Hälfte der Füllung draufgeben und mit Wildfrüchten belegen (zum Beispiel: einen Strudel mit Brombeeren und einen mit Heidelbeeren).

Seitenränder einschlagen und mit Hilfe des Tuches aufrollen, in die Form legen; mit der zweiten Hälfte ebenso verfahren.

Den Strudel mit Butter bestreichen und bei 175°C circa 50 Minuten backen. Kann bei gefrorenen Früchten länger dauern.

Zum Servieren reichen Sie steif geschlagene Sahne.

DESSERT MIT WILDFRÜCHTEN

Zutaten:
400 g Wildfrüchte
(wie Heidelbeeren,
Schlehen, Brombeeren,
Schwarze Holunderbeeren)
2 EL Wildfruchtlikör
3 EL Blütenhonig
1 TL Agar-Agar
(oder Reismehl)
2 Becher Sahne
2 EL Kokosflocken

Die Kokosflocken ohne Fett rösten und zur Seite stellen.

Schlehen und Schwarze Holunderbeeren im eigenen Saft weich kochen. Heidelbeeren und Brombeeren kurz mitdünsten. Nach dem Kochen die Früchte durch ein Sieb passieren, mit Honig und dem Likör abschmecken. Falls das Mus zu dünn ist, mit Agar-Agar eindicken. Siehe Beschreibung auf der Verpackung.

Die Sahne steif schlagen und mit der ausgekühlten Masse schichtweise in ein Glas füllen. Als letzte Schicht mit Sahne verzieren und mit den gerösteten Kokosflocken bestreuen.

OBSTKUCHEN MIT WILDEN HEIDELBEEREN

Zutaten Teig:
300 g Dinkel, frisch gemahlen
200 g Butter
90 g Blütenhonig
1 Eigelb

Zutaten Belag:
500 g Heidelbeeren, frisch oder tiefgefroren
4 Eiweiß
120 g Blütenhonig

Zutaten für den Teig zu einem Mürbteig verkneten und 1/2 Stunde kühl stellen. Den Teig auf einem Blech ausrollen und mit den verlesenen wilden Heidelbeeren auslegen. 15 Minuten bei 175°C backen.

Das Eiweiß steif schlagen und den Honig unterrühren. Den Kuchen aus dem Ofen nehmen. Eischnee darauf verteilen und bei 175°C noch einmal circa 15 Minuten backen. Der Eischnee soll nicht zu dunkel werden.

TIRAMISU MIT WILDFRÜCHTEN

Zutaten Biskuit:

2 Eier, getrennt
2 EL kaltes Wasser
100 g Honig
1 Prise Vanillepulver
100 g Dinkel, frisch gemahlen
1 TL Backpulver
Butter für die Auflaufform

Zutaten Belag:

500 g Wildfrüchte
500 g Äpfel
etwas Apfelsaft
50 ml Wildfruchtlikör
2 - 3 EL Blütenhonig
(nach Geschmack)
1 - 2 TL Agar-Agar
(oder Reismehl)
1 - 2 Becher Sahne

zusätzlich:

Likörfrüchte
Schokoladensoße
(Schokolade siehe Seite 143)

Zubereitung Biskuitteig:
Eier trennen. Das Eiweiß steif schlagen, das Eigelb mit Honig, Vanille und Wasser schaumig rühren. Vollkornmehl mit dem Backpulver gut vermischen und im Wechsel mit dem Eiweiß vorsichtig unter die Eigelbmasse heben. Den Teig in eine nur am Boden gefettete Auflaufform gießen und circa 10 bis 15 Minuten bei 180°C backen. Abkühlen lassen.

Zubereitung Belag:
Wildfrüchte wie Schwarze Holunderbeeren, Kornelkirschen, Hagebutten, Schlehen usw. und Äpfel mit etwas Apfelsaft weich kochen. (Die Holunderbeeren von den Stielen befreien, bei den Hagebutten die Kerne entfernen, die Kornelkirschen entkernen). Nach dem Kochen die Früchte durch ein Sieb passieren, mit Honig und dem Likör abschmecken. Falls das Mus zu dünn ist, mit Agar-Agar eindicken. Dazu Agar-Agar mit Wasser anrühren und unter das Mus mischen. Siehe auch Beschreibung auf der Verpackung.

Zubereitung Tiramisu:
Sahne steif schlagen. Das Biskuit mit Likör beträufeln und die Hälfte des Muses daraufgeben, die Hälfte der Sahne darübergeben, dann wieder das Mus. Mit Sahne, Likörfrüchten und Schokoladensoße garnieren.

Zutaten Biskuit:
5 Eier, getrennt
50 ml Wasser
130 g Honig
100 g Buchweizen
und 80 g Dinkel,
fein gemahlen
1 Päckchen Backpulver

Zutaten Fülle:
1 Likörglas Schlehenlikör
600 g Schlehen, gefroren
etwas Apfelsaft
1 Becher Sauerrahm
2 Becher Sahne
ca. 100 g Honig
einige ganze Schlehen
(zum Verzieren)

SCHLEHEN-SAHNETORTE

Zubereitung Biskuit:
Das Wasser zum Eiweiß gießen und steif schlagen, anschließend die Hälfte des Honigs einrühren. Das Backpulver mit dem Vollkornmehl vermischen. Eigelb mit dem Honig zu einer Schaummasse verquirlen und das Eiweiß im Wechsel mit dem Vollkornmehl vorsichtig unterheben. Den Teig in eine gefettete Springform füllen und bei 175°C circa 25 bis 35 Minuten backen.

Zubereitung Torte:
Die aufgetauten Schlehen in Apfelsaft kochen, durch ein Sieb streichen und nach Geschmack mit Honig süßen. Ausgekühlten Biskuit einmal durchschneiden, mit Likör beträufeln und das Mus (zur Hälfte) daraufstreichen. Die zweite Hälfte mit Sauerrahm verrühren und die geschlagene Sahne unterheben. Die Torte damit bestreichen, kalt stellen und mit Schlehen verzieren.

Zutaten:
300 g Walderdbeeren
150 g Sahne
2 TL Honig

zusätzlich:
100 ml Sahne
2 EL Walderdbeeren
(zum Verzieren)

WALDERDBEER-DATSCHI

Die Walderdbeeren mit der Sahne und dem Honig pürieren. In Gläser füllen und mit geschlagener Sahne und ganzen Beeren verzieren.

(Rezept aus Kindertagen)

LIKÖRE UND GETRÄNKE

LÖWENZAHNWURZEL-LIKÖR

Zutaten:
ca. 50 g schöne Löwenzahnwurzeln
50 - 100 g Löwenzahnblütenhonig
0,7 l Doppelkorn

Löwenzahnwurzeln waschen und unzerkleinert in eine Flasche geben. Honig dazugießen und mit Doppelkorn auffüllen. Gut verschließen und bei Raumtemperatur circa 2 Monate ziehen lassen. Die Wurzeln müssen mit Alkohol bedeckt bleiben, damit kein Schimmel entsteht.

Tipp: Statt der Wurzeln eignen sich auch Löwenzahnblüten.

Es soll nicht zum Trinken von Alkohol ermuntert werden. Wenn kein Grund vorliegt, ihn zu meiden, verfeinert er in kleinen Mengen manche Speisen.

Zutaten:
1 Tasse Walderdbeeren
1 Flasche Doppelkorn
50 - 100 g Blütenhonig
(nach Geschmack)

WALDERDBEER-LIKÖR

Die Walderdbeeren in eine Flasche geben, mit Honig süßen und mit dem Doppelkorn aufgießen. Etwa 2 Monate bei Zimmertemperatur stehen lassen. Dabei die Flasche täglich bewegen, damit die Erdbeeren immer wieder untertauchen und haltbar gemacht werden.

Zutaten:
1 Handvoll Duftveilchen
500 ml Doppelkorn
50 - 100 g Blütenhonig
(nach Geschmack)
Saft einer Zitrone

DUFTVEILCHEN-LIKÖR

Die Duftveilchen in eine Flasche mit weitem Hals geben, den Honig darübergießen und zuletzt mit Doppelkorn auffüllen. Gut verschließen und bei Raumtemperatur circa 2 Monate ziehen lassen.

Täglich die Flasche bewegen, möglichst kurz über Kopf halten, damit die Veilchen mit Alkohol bedeckt bleiben. Dies ist wichtig, damit kein Schimmel entsteht.

Zutaten:
3 Holunderblüten
3 Gierschblätter
2 Stängel Zitronenverbene
1 Flasche Apfelsaft
1 Flasche Mineralwasser

HOLUNDERBLÜTEN-GIERSCH-KRACHERL

Alle Kräuter in den Apfelsaft geben, etwas durchkneten und circa 3 Stunden ziehen lassen. Die Kräuter durch ein Sieb abgießen und das Kracherl mit dem Mineralwasser aufgießen.

Zutaten:
8 Holunderblüten
1 Zitrone in Scheiben
1 l Wasser, abgekocht
Saft von 2 Zitronen
1 kg Blütenhonig

HOLUNDERBLÜTENSIRUP MIT HONIG

Die Holunderblüten mit den Zitronenscheiben 2 Tage lang im Wasser ziehen lassen. Abfiltern und mit Zitronensaft und Honig aufkochen. Noch heiß in Flaschen füllen.

Zutaten:
6 - 9 Stängel Waldmeister
1 Flasche Weißwein
1 Flasche Sekt
oder Mineralwasser
1 EL Honig

WALDMEISTERBOWLE

Die Stängel in ein Bowlengefäß hängen und mit Weißwein übergießen. Eventuell mit Honig süßen. 1 bis 3 Stunden ziehen lassen; die Stängel herausnehmen; mit Sekt oder Mineralwasser auffüllen.

BROT UND GEBÄCK

Zutaten für Vorteig:
400 g Roggen, fein gemahlen
500 g Wasser, handwarm
100 g Sauerteig

Zutaten für Hauptteig:
400 g Dinkel, fein gemahlen
400 g Roggen, fein gemahlen
50 g Sauerampferblütenknospen
450 g Wasser, handwarm
1 Päckchen Hefe
1 TL Vollmeersalz
1 TL Kräutersalz
1 EL Kümmel oder
1 Handvoll Sonnenblumenkerne

SAUERTEIGBROT MIT SAUERAMPFERBLÜTENKNOSPEN

Zubereitung Vorteig:
Alle Zutaten vermischen, mit Folie oder Deckel so abschließen, dass keine Feuchtigkeit entweicht; mindestens 4 Stunden warm stellen.

Zubereitung Hauptteig:
Hefe im Wasser auflösen, Salz und Gewürze unterrühren und mit dem Vorteig vermischen. Vollkornmehl und Knospen unterkneten, bis ein lockerer Teig entsteht (circa 10 Minuten). Anschließend den Teig wieder gut zudecken und warm stellen. Nach etwa 30 Minuten den weichen Teig in zwei gefettete Brotformen verteilen. Diese Formen wieder gut zudecken und circa 30 Minuten warm stellen. Im vorgeheizten Ofen bei 250°C 15 Minuten backen, auf 190°C zurückschalten und weitere 30 bis 40 Minuten backen. Das Brot ist fertig gebacken, wenn es eine schöne Kruste hat und beim Abklopfen der Unterseite hohl klingt.

EINFACHE WILDKRÄUTERSEMMELN

Für ca. 20 Brötchen:
2 Handvoll Wildkräuter
300 g Dinkel und
300 g Weizen,
frisch gemahlen
380 ml Wasser
1 Würfel Hefe
3 EL Olivenöl
1 1/2 TL Kräutersalz

Wildkräuter einzeln oder gemischt wie Vogelmiere, Giersch, Brennnessel, Bärlauch usw. fein schneiden oder pürieren.

Hefe im Wasser auflösen, die Kräuter mit Hefewasser vermischen. Das Olivenöl und Salz zugeben und mit dem Vollkornmehl zu einem lockeren Hefeteig kneten. Zugedeckt circa 1/2 Stunde gehen lassen.

Den Teig nochmals durchkneten, zwei Stränge formen und jeweils in 10 Brötchen teilen. Diese mit Mehl bestäuben, auf das Backblech setzen und im vorgeheizten Ofen bei 250°C 10 bis 15 Minuten backen. Den Herd ausschalten. Noch einige Minuten im heißen Ofen weiterbacken. Auf einem Gitter auskühlen lassen.

Für ca. 20 Stück:

Zutaten Hefeteig:

250 g Dinkel, frisch gemahlen
250 g Weizen, frisch gemahlen
300 g Wasser-Sahne-Gemisch
(ca. 2/3 Wasser, 1/3 Sahne)
1 Würfel Hefe
1 1/2 TL Kräutersalz
50 g zerlassene Butter

Zutaten Füllung:

2 Handvoll frische Kräuter
100 g Sonnenblumenkerne, geröstet
30 g zerlassene Butter
150 g Käse, gerieben

HEFESCHNECKEN, GRÜN GEFÜLLT

Zubereitung Hefeteig:
Hefe in Flüssigkeit auflösen, zerlassene Butter und Kräutersalz untermischen, zuletzt das Vollkornmehl unterkneten, bis ein geschmeidiger Teig entsteht. Etwa eine Stunde zugedeckt ruhen lassen.

Zubereitung Schnecken:
Kräuter (wie Giersch, Vogelmiere, Wiesenlabkraut, Knoblauchsrauke usw.) klein hacken.

Die Sonnenblumenkerne in einer trockenen Pfanne hellbraun rösten, zur Seite stellen. Den Teig ausrollen (circa 30 x 40 cm) und mit Butter bestreichen. 3/4 der Sonnenblumenkerne darauf verteilen, darüber die Kräuter geben, etwas andrücken und mit dem Käse bestreuen.

Teig aufrollen, mit einem scharfen Messer circa 2 cm dicke Scheiben abschneiden und auf ein gefettetes Backblech legen. Die Schnecken mit Butter bestreichen und mit den restlichen Sonnenblumenkernen bestreuen.

Bei 180°C circa 20 Minuten backen.

Für ca. 20 Brötchen:
100 g Wildkräuter
250 g Roggen und
250 g Dinkel,
frisch gemahlen
1 1/2 P. Backpulver
1 Flasche Weißbier
(ca. 450 ml)
1 1/2 TL Kräutersalz

SCHNELLE WILDKRÄUTERSEMMELN

Wildkräuter fein hacken oder pürieren.

Das Backpulver in Bier auflösen, Kräutersalz und Wildkräuter unterrühren. Das Vollkornmehl unterkneten, sofort Semmeln formen und bei 200°C circa 30 Minuten backen.

Zutaten:
100 g Vogelmiere
450 ml Wasser
1 Päckchen Hefe
400 g Dinkel, frisch gemahlen
100 g Kamut, frisch gemahlen
2 TL Kräutersalz
3 EL Wildkräuter-Essig
1 TL Blütenhonig
je eine Tasse: Kürbiskerne, Sonnenblumenkerne und Sesam

VOGELMIEREN-VOLLKORNBROT

Vogelmiere fein schneiden oder hacken.

Die Hefe im Wasser auflösen, restliche Zutaten untermischen, zuletzt das Vollkornmehl. Es wird ein weicher Teig. Diesen in eine Brotbackform geben und bei 200°C 60 Minuten backen.

GIERSCHBAGUETTE MIT KRÄUTERBUTTER

Zutaten Teig:
50 g Giersch
350 ml Sahne-Wasser-Gemisch
1 Päckchen Hefe
2 TL Kräutersalz
150 g Käse, gerieben
300 g Weizen und
200 g Dinkel,
frisch gemahlen

zusätzlich:
2 EL Sahne
50 g Käse, gerieben
etwas Streumehl
Kräuterbutter
(siehe Rezept Seite 180)
1 Handvoll Mungbohnen,
gekeimt

Giersch fein hacken oder pürieren. Hefe in der Flüssigkeit auflösen. Den Giersch, das Kräutersalz und den Käse unterrühren. Zuletzt das Vollkornmehl unterkneten. Den Teig circa 1/2 Stunde ruhen lassen. Nochmal durchkneten und 4 Stangen formen. Diese auf ein gefettetes Blech legen, mit Sahne bepinseln und Käse bestreuen. Wieder kurz gehen lassen (circa 10 Minuten) und bei 220°C circa 25 Minuten backen.

Nach dem Backen etwas abkühlen lassen. Das Baguette in Scheiben schneiden, mit der Kräuterbutter bestreichen und mit gekeimten Mungbohnen dekorieren.

WEITERE KÖSTLICHKEITEN

Zutaten:
7 Stängel duftende Wildkräuter
1 Knoblauchzehe
1 TL Blütenhonig
1 Flasche Obstessig

WIESENESSIG

Wildkräuter wie Giersch, Wiesensalbei, Wiesenknopf, Schafgarbe, Wiesenlabkraut, Klee, einzeln oder gemischt, Knoblauch, Blütenhonig und Obstessig in eine schöne Flasche geben und circa 6 Wochen bei Zimmertemperatur stehen lassen. Die Flasche täglich bewegen, damit die Kräuter im Essig untertauchen. Abschließend die Wildkräuter abfiltern und den Wiesenessig für Wildkräutersalate verwenden.

Himbeeressig: Statt Wildkräuter eine Handvoll Himbeeren.

Zutaten:
1 Litermaß Löwenzahnblüten
1 kg Blütenhonig
Saft von einer Zitrone
1 l Wasser

LÖWENZAHNBLÜTEN-HONIG

Die Löwenzahnblüten im Wasser aufkochen und etwas köcheln lassen, nach dem Abkühlen durch ein Sieb filtern. Den Zitronensaft und den Honig zur Flüssigkeit geben und wieder zum Kochen bringen. Circa 10 Minuten köcheln lassen, wieder abkühlen lassen und den Vorgang so lange wiederholen, bis der Honig die gewünschte Konsistenz erreicht hat. Er soll zähflüssig werden. Heiß in Gläser füllen und verschließen.

Zutaten:
50 g frische Kräuter
250 g Butter, weich
1 Knoblauchzehe
1 TL Kräutersalz

MEINE KRÄUTERBUTTER

Knoblauch und Wildkräuter wie Schafgarbe, Vogelmiere, Kleeblüten, Sauerampfer, Hirtentäschel, Knoblauchsrauke, Rucola, Basilikum, Wiesenlabkraut usw. fein hacken.

Die Butter sehr gut aufschlagen, bis sie fast weiß ist. Alle Zutaten unterrühren und abschmecken. Wenn vorhanden, in ein Model streichen und kühl stellen.

Zutaten:
100 g Fichtenspitzen
500 g Honig

FICHTENSPITZEN IN HONIG

Die jungen Fichtenspitzen, die so genannten Maispitzen, in ein Glas geben und den Honig drübergießen. Vier Wochen stehen lassen und abfiltern.

Dieser Fichtenspitzen-Honig ist sehr gut an kalten Wintertagen.

FRISCHKORNGERICHT

Zutaten pro Person:
3 EL (ca. 50 g) Getreide (Dinkel, Weizen, Roggen, Kamut, Hafer usw.)
frisches Obst, je nach Jahreszeit
etwas Zitronensaft
1 TL Honig (nach Belieben)
1 EL Sahne
1 TL Nüsse

Getreide frisch schroten und 5 bis 12 Stunden in Leitungswasser einweichen. Nach der Quellung soll das ganze Wasser aufgesaugt sein. Obst klein schneiden, Nüsse reiben oder hacken und die Sahne steif schlagen.

Das eingeweichte Getreide mit dem Obst, Zitronensaft und Nüssen vermischen, die Sahne unterheben. Wenn möglich, soll immer ein Apfel hineingerieben werden, er macht das Frischkorngericht luftig und wohlschmeckend.

Tipp: Eventuell mit Duftveilchen verzieren.

Zutaten:
3 EL Wildkräuter
150 g Butter, weich
1 kleine Zwiebel
1 Knoblauchzehe
½ TL Kräutersalz

WILDKRÄUTERBUTTER

Butter cremig rühren. Wildkräuter (drei verschiedene Arten) fein schneiden, Zwiebel und Knoblauch hacken. Alle Zutaten unter die Butter rühren. In ein Keramiktöpfchen füllen und mit Blüten verzieren.

Zutaten:
ca. 100 g Wild- und Gartenkräuter, getrocknet
ca. 500 g Vollmeersalz

WILDKRÄUTERSALZ

Die verschiedenen Kräuter wie Brennnessel, Gundermann, Giersch, Knoblauchsrauke, Quendel, Salbei, Wilde Möhre, Kleiner Wiesenknopf, Sauerampfer, Petersilie, Bohnenkraut, Dill, Zitronenmelisse, Selleriekraut, Majoran, Oregano, Kerbel, Thymian, Liebstöckel, Pfeffer usw. sehr gut trocknen, im Mörser zerkleinern und das Vollmeersalz untermischen. Der Anteil der Kräuter zum Salz soll ca. 15 bis 20 % betragen. In Gläser füllen, dunkel und kühl aufbewahren.

Je nach Mischung schmeckt das Kräutersalz immer wieder neu!

REZEPTE A-Z

LITERATUR

Unsere Nahrung - unser Schicksal, Dr. med. M.O. Bruker, emu
Das große Buch der Heilpflanzen, Apotheker M. Pahlow, Weltbild
Die Kräuter in meinem Garten, Siegrid Hirsch & Felix Grünberger, A&M
Der neue Kosmos Pflanzenführer, Kosmos
Delikatessen am Wegesrand, Brigitte Klemme, Dirk Holterman, Mädler
Baumblättersalat, Brigitte, Klemme, Dirk Holterman, Rau
Un-Kräuter zum Genießen, Brigitte Klemme, Dirk Holterman, Mädler
Enzyklopädie der essbaren Wildpflanzen, Steffen Guido Fleischhauer, AT
Mythos Baum, Doris Laudert, blv
Bäume Europa, Mary-Gerard Vaude, RvR
Heilkräuter-Geschenke Gottes, Verein Freunde der Heilkräuter, Karlstein
Lexikon der Frauenkräuter, Margret Madejsky, AT
Medizin der Erde, Susanne Fischer-Rizzi, AT
Blüten-Kochbuch, Kathy Brown, Kaleidoskop Buch
Heilkräuter und Zauberpflanzen, Wolf-Dieter Storl, Knaur.
Hollerbusch, Kranewitt und Haselnuß, Hermann-Josef Weidinger, Freunde der Heilkräuter
Alchemilla, Margret Madejsky, Goldmann
Bei der Natur zu Gast, Richard Mabey, Heyne
Was blüht denn da? Dietmar Aichele, Kosmos
Heilpflanzen in den Alpen, Alfred Pohler, Otto Müller Verlag, Salzburg
Kräuter helfen Heilen, Elisabeth Brooke, Stb
Grundkurs Pflanzenbestimmung, Rita Lüder, Quelle & Meyer
Wildpflanzen – im Trend natürlicher Ernährung, Gertraud Albl – Erwin Aichinger, Eigenverlag
Heilpflanzen & Kräuter, Dr. Ute Künkele, Till R. Lohmeyer, P
Altes Kräuterwissen wieder entdeckt, Claudia Költringer, blv
Giftpflanzen & Arzneipflanzen, Karl Hiller/Günter Bickerich, tosa
Heilkräuter, Gerhard Leibold, Falken Verlag
Heilkräuter ums Haus, Verein Freunde der Heilkräuter, Karlstein
Illustrierte Kräuter Enzyklopädie, Nico Vermeulen, Dörfler
Mensch und Baum, Hermann-Josef Weidinger, Freunde der Heilkräuter
Heilpflanzen, Apotheker Mannfried Pahlow, Moewig
Praxis-Lehrbuch der modernen Heilpflanzenkunde, Ursel Bühring, Sonntag
Handbuch der Klosterheilkunde, Dr. Mayer, Dr. Uehleke, Pater Saum, ZS
Exkursionsflora, Werner Rothmaler, Volk und Wissen Volkseigener Verlag Berlin
Der BLV Pflanzenführer für unterwegs, Schauer, Caspari, blv
Bildatlas der Farn- und Blütenpflanzen Deutschlands, Haeupler, Muer, Ulmer

IMPRESSUM

Rezepte: Margarete Vogl
Pflanzenbeschreibungen: Margarete Vogl
Fotos: Margarete Vogl
Fotos Seite 2, 7, 11, 14, 15, 19, 31, 34, 59, 62, 64, 144, 186:
Valeska Landspersky
Fotos Seite 124, 154/155, 161, 162/163, 168: Monika Eckerl

Ich bedanke mich bei:
Elfriede Mayer und Monika Eckerl
Marianne und Harald Landspersky
Renate Diezmann und Marieluise Seidl
Besonders bei meiner Familie, die mich mit viel Verständnis hilfreich unterstützte und bei Valeska Landspersky, durch deren Anregung dieses schön gestaltete Buch entstanden ist.

Die Vorderseite zeigt (im Hintergrund): Frauenmantel. Die Rückseite (von oben nach unten): Gundermann, Bitteres Schaumkraut, Erdbeere, Foto Seite 6 den Breitwegerich.

Wichtiger Hinweis:
Das Sammeln und das Verwenden der Kräuter geschieht stets auf eigene Verantwortung und setzt daher eine sichere Kenntnis voraus. Informieren Sie sich vor dem Verzehr über die Anwendung und mögliche Gegenanzeigen. Das Buch ersetzt nicht den Arzt oder Heilpraktiker.

Der Inhalt dieses Buches wurde sorgfältig geprüft; die Informationen sind nach bestem Wissen und Gewissen abgedruckt. Natürlich sind inhaltliche Fehler nicht völlig auszuschließen. Die Autorin kann deshalb keinerlei Haftung übernehmen. Für Korrekturhinweise und Anregungen ist sie dankbar.

ISBN 978-3-89189-186-5
1. Auflage 2010

Grafisches Konzept und Bildbearbeitung: Valeska Landspersky
Das Gestaltungskonzept entstand als Semesterprojekt an der Hochschule für angewandte Wissenschaften Würzburg-Schweinfurt.
Papier: 150 g Allegro matt
Schriften: Baskerville (TT), Verdana
Druck und Bindung: Kösel, Krugzell

Zwei Naturliebhaberinnen trafen sich mit dem gleichen Ziel vor Augen: ein Buch mit pfiffigen Wildkräuterrezepten zu gestalten. Wissenswerte Informationen über Wildkräuter sollten auch enthalten sein. Die eine mit viel Erfahrung beim Kochen mit Wildkräutern und vitalstoffreicher Vollwerkost und die andere mit viel Interesse am Entwerfen und Gestalten.
So entstand ein Buch mit 75 interessanten, kreativen, wilden Köstlichkeiten und 30 informativen Beschreibungen von darin enthaltenen Wildkräutern. Die luftigen und frischen Fotos verführen, mit offenen Augen durch die Natur zu gehen. Lassen Sie sich begeistern, die *jungen Wilden* zu erkennen und zu sammeln, aus denen überraschend Leckeres zubereitet werden kann. Verwöhnen Sie Ihren Gaumen mit schmackhaften Vorspeisen, Suppen, Hauptgerichten, Nachspeisen, mit Broten und Likören, vegetarisch und vitalstoffreich aus naturbelassenen Lebensmitteln. Rezepte über die Herstellung von Besonderheiten, zum Beispiel Wiesenessig und Wildkräutersalz, runden das mit Freude gestaltete Buch ab.
Die raffinierten Gerichte vermitteln puren Genuss. Die Anleitungen sind leicht nachvollziehbar, und so können Gundermann, Frauenmantel und viele andere Wildkräuter, die es nicht nur in Niederbayern gibt, bei Ihnen zu Gast sein. Lassen Sie sich das volle Aroma im Mund zergehen!

MARGARETE VOGL

Geboren und aufgewachsen im schönen Passauer Land an den Flüssen Donau, Inn, Ilz und Gaißa, ist sie am liebsten in der freien Natur unterwegs. Der Fotoapparat ist ihr ständiger Begleiter. Bereits seit 1984 betreibt sie die Imkerei. Dieses Hobby hat ihre Einstellung für den Erhalt und die Wertschätzung der Natur geprägt. Seit 1996 hält sie Vorträge und Kurse über vitalstoffreiche Vollwertkost nach Dr. M. O. Bruker. Seit 1998 ist sie Ärztlich geprüfte Gesundheitsberaterin GGB. 2005 beendete sie die Ausbildung zur Natur- und Landschaftsführerin und 2006 zur staatlich anerkannten und zertifizierten Kräuterpädagogin an der Gundermannschule von Dr. Brigitte Klemme und Dr. Dirk Holterman. Dieses Wissen und ihre Begeisterung über den Wert der Pflanzen und der vitalstoffreichen Ernährung gibt sie in Kräuterwanderungen, Vorträgen und Kochkursen weiter.

www.gesundesessen.de

VALESKA LANDSPERSKY

Valeska Landspersky, ebenfalls Passauerin, studierte von September 2006 bis Juli 2010 Kommunikationsdesign an der Fachhochschule Würzburg-Schweinfurt. Seit jeher interessiert sie sich besonders für Gestaltung, Schrift und Fotografie. Durch ihr Studium und selbstständige, kreative Aktivitäten konnte sie diese Begeisterung und ihre gestalterischen Fähigkeiten weiter ausbauen. Fasziniert von der Schönheit und dem Reichtum der Natur, kam es im Sommer 2009 zu dem gemeinsamen Projekt „Wilde Köstlichkeiten“ mit Margarete Vogl. Mit der Gestaltung dieses Buches möchte sie einladen, die grenzenlose Vielfalt und die Schönheit der heimischen Pflanzenwelt wieder zu entdecken.

Ein Verlag, ein Haus, eine Philosophie.

Millionen Bundesbürger kannten den kämpferischen Ganzheitsarzt Dr. Max Otto Bruker (1909–2001) aus dem Fernsehen, aus Vorträgen, durch den „Mundfunk“ überzeugter Patienten. Vor allem lesen sie aber die rund 30 Bücher des schwäbischen Humanisten und Seelenarztes. Mit einer Gesamtauflage von über drei Millionen Exemplaren ist Max Otto Bruker der wohl bedeutendste medizinische Erfolgsautor im deutschsprachigen Raum. Der – in der Nachfolge des Schweizer Reformarztes Bircher-Benner scherzhaft „Deutschlands Vollwertpapst“ genannte – Massenaufklärer, langjährige Klinikchef und Ernährungsspezialist lehrt zwei fundamentale Erkenntnisse Patienten wie Gesunden: Der Mensch wird krank, weil er sich falsch ernährt. Der Mensch wird krank, weil er falsch lebt.

Hinter den Erfolgstiteln des emu-Verlages steht ein bedeutender Forscher und Arzt, eine Bewegung, ein Haus und tausende Schülerinnen und Schüler. 1994 wurde das „Dr.-Max-Otto-Bruker-Haus“, das Zentrum für Gesundheit und ganzheitliche Lebensweise, auf der Lahnhöhe in Lahnstein bei Koblenz bezogen. Es stellt die äußere Krönung des Brukerschen Lebenswerkes dar: Der lichte Bau mit seinem Grasdach, den Sonnenkollektoren und den Wasserrecyclinganlagen, seinen Seminarräumen, dem Foyer mit der Glaskuppel und dem liebevollen Biogarten ist als Treffpunkt für all jene konzipiert, denen körperliche und seelische Gesundheit, ökologische und spirituelle Harmonie Herzensbedürfnis und Sehnsucht sind.

Hinter dem eleganten Halbmondkorpus mit dem markanten Grasdach verbirgt sich eine Begegnungsstätte für Gesundheitsbewusste, Seminarteilnehmer, Trost-, Ruhe- und Anregungsbedürftige.

Das Dr.-Max-Otto-Bruker-Haus

Feste Termine:

Jeden Dienstag, 18.30 Uhr: Vortrag Dr. phil. Mathias Jung (Lebenshilfe und Philosophie)
Jeden Mittwoch, 10.30 Uhr: Fragestunde mit Dr. Birmanns (Ärztlicher Rat aus ganzheitlicher Sicht)

Ausbildung Gesundheitsberater/in GGB
Lebensberatung/Frauen-, Männer- und Paargruppen

Die vitalstoffreiche Vollwertkost hat ihre Verbreitung, auch im klinischen Bereich, durch die unermüdliche Information und praktische Durchführung von Dr. M. O. Bruker gefunden. Um die Erkenntnisse gesunder Lebensführung und die durch falsche Ernährung provozierte Krankheitslawine ins öffentliche Bewusstsein zu rücken, bildet die von ihm 1978 gegründete „Gesellschaft für Gesundheitsberatung GGB e. V." Gesundheitsberaterinnen und Gesundheitsberater GGB aus. Über 4000 Frauen und Männer haben bislang die berufsbegleitende Ausbildung bestanden und wirken in Volkshochschulen, Bioläden, Lehrküchen, Krankenhäusern, ärztlichen Praxen, Krankenversicherungen und ähnlichen Bereichen.

Auf der Lahnhöhe erhalten sie durch das GGB-Expertenteam nicht nur eine sorgfältige Grundlagenausbildung über die vitalstoffreiche Vollwerternährung und den Krankmacher der „entnatürlichten" (denaturierten) Zivilisationsernährung (raffinierter Fabrikzucker, Auszugsmehle, fabrikatorische Öle und Fette, tierisches Eiweiß usw.),
sondern gewinnen auch Einblick in die leibseelischen Zusammenhänge der Krankheiten.

Anfragen zur Gesundheitsberater-Ausbildung wie zu den Selbsterfahrungsgruppen, Lebensberatung, Paartherapie und Psychotherapie bei Dr. Mathias Jung und weiteren Tages- und Wochenendseminaren sowie Einzelberatung sind zu richten an die
Gesellschaft für Gesundheitsberatung GGB e. V., Dr.-Max-Otto-Bruker-Str. 3,
56112 Lahnstein
(Tel.: 02621/ 917010, 917017, 917018, Fax: 02621/917033).
E-Mail: seminare@ggb-lahnstein.de
Internet: www.ggb-lahnstein.de

Fordern Sie ebenfalls ein kostenloses Probe-Exemplar der Zeitschrift „Der Gesundheitsberater" an.

… weitere Vollwert-Kochbücher aus dem emu-Verlag:

Waltraud Becker: Lust ohne Reue
200 Rezepte ohne tierisches Eiweiß
192 S., gebunden,
ISBN 978-3-89189-068-4

Ilse Gutjahr: … einfach raffiniert!
Neue Vollwertrezepte ohne tierisches Eiweiß
120 S., Broschur mit Klappen,
ISBN 978-3-89189-099-8

Ilse Gutjahr und Erika Richter: Streicheleinheiten –
Von der Kunst, schmackhafte Brotaufstriche zu zaubern
128 S., gebunden,
ISBN 978-3-89189-063-9

Ilse Gutjahr und Erika Richter: Mehr Streicheleinheiten –
Von Austernpilzbutter bis Zwiebelschmalz – Fantastische Brotaufstriche für jede Gelegenheit
144 S., gebunden,
ISBN 978-3-89189-170-4

Gertrud Gummerer und Wilma Taibon: HochGenuss – Vegetarische Vollwertküche aus Südtirol
192 S., gebunden,
ISBN 978-3-89189-171-1

Ilse Gutjahr und Erika Richter: Brot backen –
Vollkornbrote und Aufstriche aus der eigenen Küche
114 S., Broschur mit Klappen,
ISBN 978-3-89189-113-1

Waltraud Becker: Korngesund
Das Getreide-Handbuch
128 S., Broschur mit Klappen,
ISBN 978-3-89189-105-6

Doris Böge und Kirsten Christoff: fantastisch frisch –
Vielseitige Frischkost für Feinschmecker – Salate, Desserts, Snacks, Suppen, Dips & Soßen
94 S., Broschur mit Klappen,
ISBN 978-3-89189-134-6

Ilse Gutjahr
Das große Dr. M.O. Bruker Ernährungs-buch
emu verlag

Ilse Gutjahr
Vollwertkost zum Kennenlernen

Ilse Gutjahr
Vollwertkost
ohne tierisches Eiweiß

Dr. med. M. O. Bruker
Unsere Nahrung
- unser Schicksal
In diesem Buch erfahren Sie alles über Ursachen, Verhütung und Heilbarkeit ernährungsbedingter Zivilisationskrankheiten.
emu verlag